이야기로 이해하는
건설안전

이야기로 이해하는 건설안전

최진우 지음

이담북스

건설안전이라는 낯선 이름의 분야에서 일을 시작하면서 적응하느라 노력했던 시간들이 떠오릅니다. 관련 교육에서 기초 지식을 배우고, 다양한 업체와 현장을 방문해 배운 내용들이 현장에 어떻게 활용되는지 확인하고 적용에 문제점은 무엇인지 경험하는 유익한 시간이었습니다. 다양한 사고 사례를 접하면서 막연하게만 느껴졌던 건설현장의 위험을 간접적으로나마 체험하고 축적했던 경험 역시 돌이켜보면 큰 도움이 되는 과정이었습니다. 그리고 실제 건설현장에서 발생한 사고를 직접 조사·분석하고, 사고 이후에 현장과 관련된 사람들이 어떤 어려움을 겪는지를 보면서 안전의 중요성에 대해 느끼고 고민하는 시간이 반복되었습니다.

이러한 경험과 축적이 반복되는 과정에 건설안전에 대해 조금이라도 더 알고 싶다는 욕심이 생겨 대형서점을 찾거나 관련 서적을 검색하곤 했습니다. 건설안전에 관한 책을 찾을 때마다 드는 아쉬움은 관련 책이 많지 않고, 종류도 제한적이라는 것이었습니다. 건설안전이란 단어로 책을 찾아보면 자격취득을 위한 수험서적이 대부분이고, 일부 법에 대해 설명하는 책만 확인할 수 있었습니다. 최근에는 두 유형에서 벗어난 책을 간혹 확인할 수 있으나 내용을 보면 이론에 치중해 활용성이 부족하거나, 건설현장의 안전 담당자가 공감하기 어려운 내용으로 구성된 서적이 많은 것 같습니다. 건설현장이란 특성을 바탕으로 공감할 수 있는 내용이 담겨있는 책이 필요하다는 개인적 갈증에서 하나 둘 글을 적기 시작한 것이 이 책의 출발점입니다. 수험서적이나 이론서가 아닌 비슷한 문제와 해결책에 대해 고민하는 내용을 나누고, 나 혼자만 어려운 것이 아닌가 하는 고독함을 느끼는 안전 담당자가 있다면 여기에 한 사람 더 있다는 것을 알려 동료애를 느끼길 바라는 마음에서 글을 적기 시작했습니다.

건설현장을 방문해 보면 안전에 대한 관심과 담당자들이 늘어나면서 문의사항이 많아지고 다양해지는 것을 느낍니다. 하지만 아쉬운 것은 궁금한 내용이 안전관리를 잘하는, 다시 말하면 사고예방을 잘하는 방법 등을 궁금해하는 것이 아니라 어떻게 하면 관련법에 의한 불이익을 피해갈 수 있는지를 묻는 내용이 대부분이라는 것입니다. 이런 문의의 특징 중 하나는 맞다 또는 틀리다라는 결정을 내려주길 바라거나 복잡하지 않은 단순한 정답을 요구한다는 것입니다. 지금 이 글을 읽고 계신 분 중에서도 이건 맞고 이건 틀리다는 명확한 잣대나 안전을 편안하게 관리할 수 있는 비법이나 지름길을 찾길 바라는 마음에서 이 책을 선택해 보고 계실지 모르겠습니다. 하지만 아마도 그런 목적이라면 원하시는 바를 얻으실 수는 없으리라 생각합니다. 저는 안전에 정답이나 비법 등은 없다고 생각합니다. 특히 건설현장과 같이 시간에 따라 조건과 환경이 수시로 변하는 상황에서 정확한 정답이 존재하기는 어렵기 때문입니다. 어떤 순간이나 상황에서 정답이었던 대책과 방법이 시간과 조건이 변함에 따라 그렇지 않을 수 있고, 또 어떤 조직에서는 정답으로 인정받는 무언가가 있다고 하더라도 다른 조직의 능력과 상황에 따라서 현실성 없는 탁상공론이 되기도 합니다. 만약 누군가 이 책을 읽고 안전에 대한 정답을 하나라도 얻는다면 제 글이 정답을 제시한 것이 아니라 작은 실마리 하나로 인해 자신이 그동안 쌓아온 노력과 고민이 해결되는 순간을 경험한 것으로 생각합니다. 즉 제가 독자에게 답을 제시한 것이 아닌 스스로 찾아낸 것이라는 의미입니다.

저는 이 책을 건설안전에 대한 답을 제시하거나 아무도 모르는 저만의 비법을 전수할 목적으로 쓰지 않았습니다. 오히려 제가 고민하고 해결하지 못한 문제들을 어떻게 하면 좋을지 다양한 의견을 구하는 마음으로 적었습니다. 물론 그런 해결책을 직접 제가 전달받기는 어려울 겁니다. 하지만 각자의 자리에서 고민한 결과를 현장에 적용하면서 쌓이는 노력과 방법이 우리나라 건설현장을 조금 더 안전하게 만드는 밑거름이 될 것입니다. 그리고 저 역시 주변에서 벌어지는 다양한 변화에서 많은 것을 배우게 될 것입니다.

제 생각을 쉽게 전달하고 이야기를 재미있게 풀어내기 위해 다양한 사례와 이론들을 가져다 사용했습니다. 혹시라도 부족한 부분이 눈에 보이신다면 작은 실수는 너그러이 이해를 부탁드리고, 큰 실수가 있다면 알려주시는 대로 고치겠습니다. 책이 마무리되도록 직간접적으로 도움을 주신 많은 분에게 감사의 인사를 짧은 글로나마 전합니다.

· 목차 ·

하인리히 이야기

하인리히 법칙은 항상 옳을까?

허버트 윌리엄 하인리히Herbert William Heinrich는 미국의 트래브러스라는 여행자보험회사의 엔지니어링 및 손실통제 부서에서 근무했습니다. 업무 성격상 수많은 사고 통계를 접했던 하인리히는 산업재해 사례 분석을 통해 하나의 통계적 법칙을 발견했는데, 산업재해가 발생하여 사망자가 한 명 나오면 그 전에 같은 원인으로 발생한 경상자가 29명, 같은 원인으로 부상을 당할 뻔한 잠재적 부상자가 300명 있었다는 사실이었습니다. 이를 정리한 것이 하인리히의 '1:29:300 법칙'이라고 불리는 이론입니다. 이 법칙은 하인리히가 1931년에 펴낸 책인 "산업재해 예방: 과학적 접근Industrial Accident Prevention: A Scientific Approach"에 소개된 법칙입니다.

하인리히의 1:29:300 법칙

1 1번의 대형사고(중상)

29 29번의 작은 사고(경상)

300 300번의 사소한 징후
(무상해 사고)

　언제인지 정확한 시기는 기억나지 않지만 안전분야 학회의 학술대회에 참석한 적이 있습니다. 그때 어떤 발표자가 하인리히 법칙을 인용해다음과 같이 자신의 논문에서 주장했습니다. 발표자의 주장을 요약하면국내 건설현장에서 약 100명의 사망자가 발생한 원인을 바탕으로 산업재해로 승인받은 사고 건수를 분석했더니 약 2,000건의 사고가 등록되어있었으며, 이를 하인리히 법칙에 적용해 보면 약 900건 정도의 오차가 발생한다는 것이었습니다. 따라서 동일 원인에 대한 산재 은폐가 약 900건정도 있는 것으로 추정할 수 있다는 것이었습니다. 하인리히 법칙의 숫자를 있는 그대로 신뢰한다면 일견 가능한 주장일 수 있겠지만 과연 이런결론이 옳다고 할 수 있을까요?

　연구자들이 주장하는 많은 법칙과 이론을 어떻게 받아들여야 하는지'피타고라스의 정리'를 사례로 한 번 생각해 보겠습니다.

피타고라스의 정리

**직각삼각형에서
빗변 길이의 제곱은
빗변을 제외한 두 변의
각각 제곱의 합과 같다**

$$a^2 + b^2 = c^2$$

$a^2 + b^2 = c^2$으로 표현되는 이 공식을 모르는 사람은 아마 없을 것입니다. 직각 삼각형 두 변의 제곱의 합과 직각 빗변의 제곱의 합은 같다는 이 공식은 항상 올바른 진리로 대부분의 사람들이 생각합니다. 하지만 과연 그럴까요? 피타고라스의 정리가 참이 되기 위해서는 한 가지 조건이 필요합니다. 바로 2차원 평면이라는 조건입니다. 우리가 살아가는 3차원의 세계에서는 이 공식은 항상 참이지 않습니다. 이해하기 쉽게 설명하자면 종이 위에 그린 직각 삼각형과 공 위에 그린 직각 삼각형은 다르다는 이야기입니다. 평평한 종이에 그리는 것보다 꽤 어렵지만 일단 직각 삼각형을 공 위에 그린 다음, 변의 길이를 재서 확인해보면 피타고라스의 정리가 전혀 맞지 않는다는 것을 알 수 있습니다. 그리스 시대부터 절대적인 진리로 추앙받은 피타고라스의 정리이지만 조건을 충족시키지 못하면 올바른 법칙이라고 볼 수 없습니다.

다시 하인리히 법칙으로 돌아가 볼까요. "1:29:300"이라는 하인리히 법칙이 참이 되기 위해서는 어떤 조건이 필요하다고 생각되시나요. 이론이 소개된 하인리히의 책을 보면 조건을 유추할 수 있습니다. 일단 이론이 만들어진 시기인 1930년대라는 시기가 필요할 것입니다. 여기에 미국이라는 배경이 깔리고, 하인리히가 근무했던 보험사의 데이터가 제공된다면 이론이 참이 될 수 있는 조건이 만들어졌다고 볼 수 있습니다. 하지만 거의 100년이 지난 한국이라는 나라에 이 법칙을 그대로 적용해 답을 구하려 하는 것은 자칫 무모하고 어리석은 시도가 될 수도 있습니다. 그렇다면 지금 우리가 살아가는 대한민국이라는 지역적 배경과 현재라는 시기에는 하인리히의 법칙은 무용지물인가 하면 그렇지는 않습니다. 수학 공식에 숫자를 대입해 답을 구하는 것처럼 정확한 사고 건수를 찾아내는 것은 불가능하지만, 작은 위험이 발생했을 때 이에 대한 원인을 파악하고 예방대책을 수립해 개선한다면 큰 사고나 실패를 막을 수 있다는 교훈적 의미는 살아있다고 볼 수 있습니다. 하지만 이런 법칙이 담고 있는 의미를 잘못 해석해 무언가를 주장한다면 바람직하지 않은 방향과 결과의 시작일 수도 있습니다.

이론이 말하고자 하는 것

지금까지 얘기한 하인리히 법칙보다 꽤 많은 사람들의 생각에 강력한 영향력을 미치는 하인리히의 다른 이론이 있습니다. 바로 산업재해의 발생원인을 분류한 것으로 불가항력적인 원인과 불안전한 상태, 불안전한 행동이 2:10:88의 비율로 나타난다는 것입니다. 이 중 특히 88%의 사고가 사람의 불안전한 행동에 의해 발생한다고 하인리히는 말하고 있습니다. 이 이론을 바탕으로 인간의 불안전 행동을 제어하거나 최소화하기 위해 교육 등 관리적 통제를 강화한다거나 인간의 행동이 불안전할 수밖에 없음을 인정하고 이에 대비하는 대책을 마련하는 등의 안전활동을 강화한다면 긍정적인 해석과 결과라고 할 수 있습니다. 하지만 최근 이 이론을 이야기하는 방향을 보면 사고의 책임을 작업자에게 돌리는 데 이용되는 것 같아 안타까운 생각이 듭니다. 우리가 관심을 두고 있는 산업재해는 물론이고 일상을 포함한 모든 분야에서 발생하는 사고는 대부분 사람의 활동 중에 벌어지는 일이기 때문에 사람이 거의 모든 사고에 관여하게 되는 것이 당연합니다. 사고의 과정에서 작업자의 오류나 실수가 있었다고 해서 모든 사고의 직접적 원인이 사람에 의한 것이고, 모든 책임을 작업자에게 돌리는 경향은 잘못된 대응과 방향이라고 생각합니다. 사고의 원인과 책임을 개인인 사람에게 돌리는 일이 반복되면 우리는 위험을 통제하고 사고를 예방하는 노력에 한계를 느낄 수밖에 없고, 결국에는 안전관리를 포기하는 결과로 이어질 수 있습니다.

사고의 발생원인을 비율로 나타낸 이 이론을 구체적으로 설명한 하인리히의 '재해 발생 연쇄성 이론'이 있습니다. 도미노이론*으로도 알려진

---

* 인터넷 포털사이트에 '도미노이론(Domino Theory)'을 검색하면 안전에서 사용하는 용어와 다른 의미가 나옵니다. 일반적으로 가장 많이 알려진 도미노이론은 냉전 시대에 널리 알려진 것으로 어떤 지역의 한 나라가 공산화되면 인접 나라들도 차례로 공산화된다는 이론입니다. 하지만 냉전 시

이 이론은 재해는 사회적 · 선천적 결함, 개인적 결함, 불안전한 행동 및 상태, 사고, 재해의 순으로 선형적 과정을 거쳐 발생한다고 설명합니다. 따라서 연달아 쓰러지는 도미노처럼 사고가 발생하는 것을 막기 위해서는 중간에 하나 이상의 요소를 제거해 연쇄반응을 막으면 사고 예방이 가능하다고 이야기하고 있습니다.

하인리히의 도미노이론

이 이론은 특정 원인에 의해 사고가 발생하는 일련의 과정을 단순하게 표현하고 이해하기 쉬운 장점이 있습니다. 하지만 사고 발생 이후에 그 과정을 표현하고 이해하기 쉬운 반면에 이에 대한 근본적인 원인과 관계를 파악하는 데 한계가 있다고 생각합니다.

대가 사라진 현재는 하인리히의 도미노이론이 더 많이 알려지는 추세로 보입니다. 산업안전에서 사용하는 이론의 내용을 검색하기 위해서는 '하인리히의 도미노이론'을 키워드로 사용하는 것이 좋습니다.

건설현장에서 많이 발생하는 떨어짐추락사고를 예로 들어보겠습니다. 계단 단부에서 작업자가 떨어지는 사고가 발생했습니다. 사고 조사를 통해 주의력이 부족한 작업자의 개인적 결함과 앞을 정확히 보고 파악하지 못한 불안전한 행동, 추락의 위험이 있는 계단 단부에 안전난간이 설치되지 않은 불안전한 상태 등을 확인하는 결과를 얻었습니다. 이를 조합하면 하나의 단순하고 명쾌한 사고 모델이 만들어지고 이를 이해하는 것은 어렵지 않습니다. 하지만 사고 모델에서 원인으로 지목된 사항이 다른 현장에서 똑같이 존재한다고 할 때 동일한 사고가 다시 발생한다고 말할 수는 없습니다. 동일한 원인은 존재하지만 사고와 재해로 이어지는 경우와 그렇지 않은 경우가 달라지는 근본적인 이유를 설명할 수는 없는 것입니다. 위의 계단 추락사고를 예로 설명하면 안전난간이 설치되지 않은 상태의 계단을 이용해 동일한 작업자가 반복해서 이동한다 하더라도 사고가 발생하기도 하고 그렇지 않기도 하지만 어떤 이유로 전혀 다른 결과가 나타나는지 도미노이론으로 설명이 어렵기 때문입니다.

우리 사회가 안전에 대해 관심을 두기 시작하면서 하인리히와 그의 여러 이론과 법칙이 꾸준히 주목받고 있습니다. 그가 산업안전에 기초적인 이론을 제공했다는 사실을 부정하지 않습니다. 하지만 그의 이론이 어떤 의미를 내포하고 있는지와 근본 목적이 무엇인지 정확하게 이해하지 못하고 맹목적으로 받아들이면 잘못된 방향과 엉뚱한 결과로 이어질 수 있습니다. 또한 유명한 이론 속에 담긴 내용과 의미에 상관없이 겉모습만 따와 실제 목적과 관련 없는 자신의 주장을 강화하는 데 활용하는 경우도 있습니다. 그렇기 때문에 하나의 이론이 무엇을 이야기하는지, 그리고 그 이론이 가진 문제점과 약점이 무엇인지 아는 것도 필요합니다. 하인리히의 다양한 법칙에 대한 저의 이해와 설명이 부족할 수도 있습니다. 하지만 부족한 이해와 설명을 시작으로 다양한 논의와 이야기가 진행되는 것이 맹목적인 믿음보다는 좋다고 생각합니다.

02

축구와 안전 조직

축구팀의 조건

다들 축구경기 좋아하시죠?

박지성, 손흥민과 같은 세계적으로 유명한 축구선수들이 배출되고, 인터넷 등 기술의 발달로 유럽에서 진행되는 축구경기를 생중계로 즐길 수 있는 환경이 조성되면서 각국 리그의 명문구단들이 이제는 마치 국내 리그에서 활동하는 구단인 것처럼 친숙하게 되었습니다. 우리나라의 축구 팬들도 박지성 선수가 뛴 맨체스터 유나이티드와 손흥민 선수의 토트넘 홋스퍼는 물론이고 다양한 팀들의 팬임을 자처하며 응원을 아끼지 않는 사람들이 많아지고 있습니다. 그렇다면 세계적으로 유명하고 좋은 성적을 거두는 팀들은 어떤 이유 때문에 그와 같은 명문 구단이 되었을까요? 세계적으로 수많은 팬이 추종하고, 우수한 경기력을 보유한 축구팀의 조건을 하나하나 따져보겠습니다.

우선 첫째 조건은 돈을 많이 가지고 있고, 그 돈을 구단을 운영하는 데 아낌 없이 사용할 수 있는 구단주의 존재일 것입니다. 11명의 선수가 한 팀을 이뤄 경기를 치러야 하는 축구라는 스포츠는 선수 11명이 각자의 위치에서 훌륭한 기량을 발휘해야만 강한 경기력으로 승리하는 팀이 됩니다. 따라서 구단주의 역할은 투자를 통해 훌륭한 11명과 그 뒤를 받쳐 줄 수 있는 선수를 영입하는 것이 가장 기본이라고 할 수 있습니다. 실제 세계적으로 유명한 축구팀들은 엄청난 재력을 가진 구단주가 뒤에 버티고 있습니다. 잉글랜드 프리미어리그의 한 팀인 맨체스터시티 구단주는 아랍에미리트의 왕족이자 거부로 알려진 만수르 빈 자이드 알나얀Mansour bin Zayed bin Sultan Al Nahyan입니다. 우리나라 코미디 프로그램에서도 부자라고 하면 만수르, 억수르 등 그의 이름에 빗대어 재미난 이름을 붙일 정도로 잘 알려진 인물입니다. 만수르가 2008년 인수하기 전까지 맨체스터시티는 1부리그와 2부리그를 오르내리던 팀이었지만 그가 인수한 후 막대한 투자를 시작하면서 2011-12 시즌에는 프리미어리그 우승을 차지했고, 2018-19 시즌에는 리그와 대회에서 4번의 우승을 차지하기도 했습니다. 영국에서도 잘 알려지지 않은 그 팀이 구단주의 전폭적인 투자에 힘입어 지금은 누구도 부정할 수 없는 세계 최고의 팀 중 하나가 되었습니다. 맨체스터시티만이 아닌 세계적으로 유명한 축구클럽은 경제적 지원을 충분히 할 수 있는 구단주들이 뒤를 받치고 있습니다.

참고로 축구선수의 연봉은 얼마나 될까요? 선수들의 연봉은 어떤 기준과 방식으로 산정하냐에 따라 차이가 나긴 하지만 현재 세계에서 가장 유명한 축구선수인 크리스티아누 호날두와 리오넬 메시가 어느 매체에서나 가장 많은 연봉을 받는 것으로 확인됩니다.

그들의 연봉은 대략 1,300억 원에서 1,500억 원 사이인 것으로 알려져 있습니다. 메시와 호날두의 뒤를 잇는 네이마르는 약 1,000억 원쯤 된다는 기사를 봤습니다. 우리가 가장 관심이 많은 손흥민 선수의 연봉은 약

106억 원쯤 된다고 하네요. 축구선수들의 연봉은 주급으로 따지기도 하는데 이런 선수들은 주급이 10억 원을 훨씬 넘는 정도의 수준이니 일반인들은 상상조차 할 수 없는 금액입니다. 이제 다시 좋은 축구팀을 만드는 이야기로 돌아와서 선수를 모았으면 무엇을 해야 할까요? 앞서 얘기했던 것처럼 축구는 팀 경기이기 때문에 이 팀을 이끌 감독과 코치가 필요합니다. 축구에서 감독이 중요한 이유는 팀의 전술을 결정하고, 선수들이 유기적으로 상호작용하면서 경기하도록 지휘해 최고의 경기력을 끌어내는 역할을 하기 때문입니다. 축구 중계를 보면 해설자들이 4-4-2, 3-5-2 등 각 팀에서 구사하는 다양한 전형 및 전술과 이 팀들이 그러한 작전을 선택한 이유 등에 대한 설명을 들을 수 있습니다. 이러한 팀의 전술과 전형은 소속 팀 선수들의 장단점 분석을 통해 장점은 가장 극대화하고 단점은 최소화할 수 있도록 면밀한 검토 후에 만들어졌을 겁니다. 자신의 팀에 대한 충분한 분석과 이해가 없는 상태에서 감독의 취향에 따라 전술과 전형을 결정하고, 선수들에게 맞지 않는 작전을 계속 구사한다면 체형에 맞지 않는 옷이 좋아 보인다고 옷에 몸을 맞추는 것과 같은 결과가 나타날 것입니다. 감독이 결정한 전술과 전형을 선수들이 충분히 이해하고 이행할 수 있도록 수많은 반복 훈련이라는 지난한 과정과 시간을 거치고 난 후 우리는 경기장에서 실전으로 치러지는 축구경기를 볼 수 있습니다. 만약 위와 같은 과정을 거치지 않고 팀의 명확한 전술과 작전이 없는 상태에서 선수들이 알아서 경기를 진행한다면, 세계적 기량을 보유한 선수들을 모았다 하더라도 오합지졸인 상태로 경기가 진행되고 상대팀에게 계속 패배하는 결과로 이어질 가능성이 큽니다.

안전조직의 조건

그렇다면 건설현장의 안전을 논하는 이 책에서 왜 축구 얘기를 장황하게 늘어놓았을까요? 현장의 조직구성과 운영방식이 축구팀의 운영과 비슷하고 이를 통해 이해하기 쉽다고 생각하기 때문입니다.

축구나 안전이나 가장 우선되어야 하는 것은 구단주의 의지입니다. 승리에 목마른 구단주는 과감히 자본을 투자해 승리를 이끌 수 있는 선수를 영입하고 구단 환경을 만들어낼 것입니다. 기업의 안전도 마찬가지입니다. 위험한 환경에서 벗어나 안전한 환경의 기업을 만들기 위해서는 의사결정권자의 안전에 대한 의지가 가장 중요합니다. 최고경영자의 의지에 따라 조직은 어떤 방향으로 나갈지가 정해지고, 이를 달성하기 위한 투자와 지원이 뒤따르기 때문에 그렇습니다. 다른 분야와 마찬가지로 안전 역시 강한 의지와 과감한 투자가 뒤따라야 합니다. 실질적인 투자 없이 안전강화라는 구호만 외쳐지는 환경에서 안전이 어떻게 무력화되는지 우리는 많은 사례를 통해 경험하고 봐왔습니다. 축구팀의 구단주가 중요한 것처럼 건설업체의 최고 의사결정자는 그만큼 중요합니다.

다음엔 안전한 기업 만들기라는 전략을 실현할 팀을 구성하고, 이 팀을 이끌어나갈 감독이 필요합니다. 안전한 기업 만들기는 축구경기와 달리 아주 탁월한 선수를 상상조차 하기 힘든 금액을 지불하면서 영입하는 일은 현실적이지도 필요하지도 않습니다. 하지만 그렇다고 해서 안전에 대한 지식과 경험, 의지가 없는 사람을 안전을 이끌어가야 하는 팀의 리더와 구성원으로 발탁한다는 것 역시 합리적이지 못한 방법입니다. 안전에 대해 충분한 이해와 지식을 바탕으로 다른 직원들에게 이를 이해시키고 올바른 방향으로 이끌 수 있는 기본적 지식과 소양을 갖춘 인원의 구성은 필수입니다.

국내 건설업에서 안전에 관심을 쏟고 조직을 구성해 체계적으로 운영한 시기는 그리 오래되지 않았습니다. 물론 예전에도 안전을 담당한 부서와 직원들이 있었지만 많은 조직이 사고를 담당하고 사후처리하는 업무에 비중을 둔 조직이었고, 지금처럼 사고 예방과 안전 시스템을 구축하는 데 노력을 기울인 업체는 그리 많지 않았습니다. 그리고 기업에서 안전에 전념할 직원을 채용하기 시작한 지도 그리 오래되지 않았습니다. 이런 이유로 안전조직의 리더들은 안전분야의 전문가가 아닌 시공과 같은 타 분야에서 맡게 되는 경우가 대부분이었습니다. 타 분야의 전문가가 안전조직의 리더가 되는 것은 서로의 장점을 강화하고 약점을 보완하는 점에서는 바람직하지만, 리더가 안전에 대한 지식과 의지가 부족하면 그에 따른 문제점도 많이 나타납니다. 가장 빈번하게 나타나는 문제는 그동안 쌓아온 경험과 노하우know-how가 이어지지 않는다는 것입니다. 안전에 처음 발을 디딘 리더들은 제3자의 입장이었을 때 안전분야를 바라보면서 해보고 싶었던 뭔가 새로운 것을 시도하고자 합니다. 그런 도전적인 생각이 나쁜 것은 아니지만 이런 시도가 과거에 실패한 경험이 있거나 실현되기 어려운 문제점이 있다는 것을 기존 직원들은 경험하고 이를 리더에게 설명하지만 받아들여지지 않으면 문제점을 내포한 상태로 진행되는 것입니다. 이 시도는 결과적으로 별다른 성과를 내지 못하고 시간이 지나면 흐지부지 사라지고 맙니다. 그리고 이런 시행착오를 겪은 안전팀의 리더는 애초에 타 분야에서 영입된 사람이기 때문에 다시 자신의 분야로 돌아갑니다. 그리고 다시 다른 분야의 누군가가 안전분야의 리더가 되면 이런 유사한 시행착오의 사례만 쌓여갈 수도 있습니다. 그리고 시행착오가 반복되는 시간에 정작 중요한 것을 하지 못하거나 소홀하게 되는 경우도 발생합니다.

축구팀에서 감독의 위치가 중요하듯 안전에서도 리더의 위치가 중요합니다. 자기 생각과 고집만을 강요하지 않고, 과거 사례에서 좋은 점과 부족한 점을 정확하게 파악하고 우리 팀에 적합한 전략과 전술을 수립해 진행하는 소양이 필요한 것입니다.

위에 설명한 내용은 기업만이 아닌 현장 단위에도 적용이 가능합니다. 현장소장은 구단주의 입장으로 현장의 안전수준을 유지하거나 향상시키기 위해 투자를 아끼지 말아야 합니다. 여기서 말하는 투자는 돈이 들어가는 경제적인 투자는 물론이고 시간에 대한 투자가 병행되어야 합니다. 건설현장의 대부분 사고는 시간과 비용을 아끼려다 발생합니다. 건설업 사망사고의 가장 높은 점유율을 보이는 추락사고의 원인을 보면 떨어질 위험이 있는 구간에 안전난간 등 안전조치를 하지 않기 때문입니다. 안전난간 등 안전조치를 하지 않는 이유는 안전난간을 설치할 가설물을 구입하거나 임대하는 데 들어가는 비용과 시설을 설치하는 데 소요되는 인건비를 아깝게 생각하기 때문입니다. 여기에 안전을 위한 가설물을 설치하는 데 사용되는 시간 또한 불필요하다고 인식합니다. 축구팀의 구단주와 같이 최고 의사결정자인 현장소장이 이런 생각에서 벗어나지 못한다면 현장의 안전수준이 이런 소장의 인식의 정도보다 높게 유지될 것이라 기대할 수 없습니다. 그럼에도 불구하고 자신의 안전에 대한 인식과 투자의 부족은 생각하지 않고 안전을 잘하라는 말만 반복하는 사람을 볼 때는 안타깝습니다. 현장의 안전수준을 적정하게 유지하고 향상시키기 위해서는 현장소장이 안전에 대한 인식 전환과 투자의 필요성에 대한 이해가 선행되어야 합니다. 그리고 기업에서는 안전을 수행할 수 있는 역량을 갖춘 사람을 안전조직의 리더 자리에 앉히는 것이 기본이자 첫걸음이라고 할 수 있습니다.

03

긍정의 안전

장점과 단점에 대한 반응

'칭찬은 고래도 춤추게 한다.' 많은 사람들이 한 번쯤은 들어봤을 문장이고, 한때 베스트셀러에 오르며 크게 유행한 책의 제목입니다. 내용을 간단하게 설명하면 몸무게 3톤이 넘는 범고래가 관중들 앞에서 멋진 쇼를 펼칠 수 있는 것은 조련사의 긍정적 태도와 칭찬 때문이며 '고래 반응'잘하는 것을 칭찬과 '전환반응'부정적인 행동에서 다른 행동으로 에너지를 돌림을 통해 인간관계와 업무에서 긍

http://image.kyobobook.co.kr/images/book/xlarge/386/x9788950953386.jpg

정적인 결과가 도출될 수 있음을 설명하고 있습니다.

이 책에서 강조하는 것은 잘하는 것은 칭찬함으로써 강화하고, 잘못하는 것은 그 행동에 집중하는 대신 다른 행동을 하게 하는 방식으로 서로 합의했던 목표로 다시 돌아가 그 목표에 초점을 맞추자는 것입니다. 이러한 방식을 설명한 책에 가장 크게 호응하고 관심을 기울인 대상은 아이들의 교육에 어려움을 느낀 부모들이었던 것으로 기억합니다. 아이를 키우면서 맞닥뜨리게 된 많은 문제를 풀어낼 수 있는 하나의 방법론을 찾아냈다고 생각했기 때문일 것입니다. 하지만 이런 방식이 과연 아이들에게만 적용되는 것일까요? 어른이 되어도 직장이나 가정생활에서 느끼는 어려움과 어쩔 수 없이 부딪치는 타인과의 관계에서 이와 비슷한 경험을 하는 경우가 많다고 생각됩니다.

동서양은 문화적으로 여러 차이를 보여준다고 합니다. 그중 하나가 장점과 단점을 대하는 방식입니다. 완벽한 존재는 없기에 사람이라면 누구나 장점과 단점을 모두 갖고 있습니다. 그런데 서양에서는 사람이 가지고 있는 장점을 강조하는 데 비해 동양에서는 단점에 좀 더 집중한다고 합니다. 운동 중에서 야구, 특히 타자의 사례를 보겠습니다. 한 명의 타자를 대상으로 코칭을 한다고 하면 서양은 비디오 분석 등 여러 방법을 통해 그 선수의 강점을 좀 더 강화시킬 수 있는 방법에 대해 고민한다면, 동양의 경우에는 선수가 갖고 있는 단점을 찾아내서 이를 없애거나 보완하는 데 더 공을 들인다는 이야기입니다. 그렇다 보니 야구경기를 보면 미국의 메이저리그에서 뛰는 타자들은 일반적인 선수들 사이에서 기괴하게 생각되는 타격 자세를 갖고 있거나 타석의 위치인 스탠스 등이 극단적인 경우가 동양의 타자들에 비해 많은 것을 볼 수 있습니다.

머릿속에 떠오르는 선수는 보스턴 레드삭스에서 뛰면서 월드시리즈 우승도 경험한 케빈 유킬리스가 떠오릅니다. 이 선수의 타격자세를 보고 있자면 프로야구선수가 아니라 야구라는 것을 본 적은 있는 사람인가 하는 의문이 들 정도입니다. 하지만 그는 이런 단점이 많아 보이는 자세를 가지고 자신에게 맞는 장점을 강화하면서 뛰어난 성적을 거뒀습니다. 독특한 타격자세에 대해 생각해보니 우리나라의 양준혁 선수도 그에 못지않은 것 같습니다. 양준혁 선수 역시 보기엔 단점이 많은 자세이기 때문

에 당장 뜯어고쳐야 할 것처럼 생각되지만 자신에게 맞는 장점을 살린 자세를 만들어냄으로써 최고의 타자가 될 수 있었습니다.

공정하게 확인하고 인정해주기

장단점에 대한 문화적 특징과 칭찬을 안전에 대입해 생각해 봅니다. 안전분야에서는 이러한 특징이 아주 극단적으로 부정적인 방향으로 활용되는 것은 아닌지 걱정이 됩니다. 대표적인 사례가 건설현장에서 진행되는 안전활동 중 하나인 점검입니다. 점검의 사전적 의미는 '낱낱이 검사함'이고, 검사는 '사실이나 일의 상태 또는 물질의 구성 성분 따위를 조사하여 옳고 그름이나 낫고 못함을 판단하는 일'입니다. 따라서 점검은 대상에 대한 조사를 통해서 옳고 그름과 낫고 못함을 판단해 수준을 확인하고 결정하는 것입니다.

그런데 지금 현장에서 진행되는 점검은 수준을 판단한다기보다는 잘못된 것을 찾아내는 것에 너무 치우쳐 있습니다. 잘못된 것 하나가 커져 큰 사고로 이어질 수 있다는 위험의 특징을 고려한다 하더라도 너무 부정적 결과에 집중하는 것은 바람직하지 않습니다. 왜냐하면 단점에만 치중하다보면 장점을 당연한 것으로 치부하고 소홀해질 수 있기 때문입니다. 장점에 소홀하게 되는 순간부터 사람들은 장점에 대해 관심을 기울이지 않게 되고, 장점을 유지하거나 더 강화하려는 노력을 하지 않습니다. 이런 상황이 반복되고 시간이 흐르면 어느새 예전의 장점은 사라지고 오히려 다른 단점으로 둔갑하기 쉽습니다. 따라서 점검과 같은 활동도 단점을 찾아내는 데 그치는 것이 아니라 강점을 같이 발굴해서 이를 유지하고 강화하는 계기가 되어야 합니다.

이러한 노력에 병행되어야 하는 것이 칭찬입니다. 매슬로우의 인간 욕구 5단계 이론*을 알지 못하더라도 사람은 누구나 인정받고 싶은 욕구가 있고, 작은 부분이라도 인정받는다면 성취감과 보람을 느낀다는 것에 반대의견을 제기하지는 않을 것입니다. 안전활동을 열심히 한 현장이라면, 그리고 그 현장에 소속된 참여자라면 자신들이 안전한 현장을 만들기 위해 어렵게 공들여 수행하고 있는 많은 일들에 대해 인정받고 싶은 마음이 있을 것입니다. 그런데 어느 날 점검이라는 이름으로 제3자가 자신들의 노력은 하나도 인정해주지 않으면서 잘못된 것들만 찾아낸다면 얼마나 큰 실망을 느끼겠습니까. 또 많은 장점들은 하나도 인정받지 못하고 소수

---

* 인간의 욕구에는 치열한 경쟁 속에서 살아남으려는 생존 욕구부터 시작해 자아실현 욕구에 이르기까지 끝이 없다. 그런데 이런 인간의 욕구는 얼마나 다양하고 또 욕구 간에는 어떤 순차적인 단계가 있는 것일까? 이런 본질적인 질문에 대해 에이브러햄 매슬로우(Abraham Maslow)는 1943년 인간 욕구에 관한 학설을 제안했다. 이른바 '매슬로우의 인간 욕구 5단계 이론(Maslow's hierarchy of needs)'이다. 이 이론에 의하면 사람은 누구나 다섯 가지 욕구를 가지고 태어나는데 이들 다섯 가지 욕구에는 우선순위가 있어서 단계가 구분된다는 것이다. 사람은 가장 기초적인 욕구인 생리적 욕구(physiological needs)를 맨 먼저 채우려 하며, 이 욕구가 어느 정도 만족되면 안전해지려는 욕구(safety needs)를, 안전 욕구가 어느 정도 만족되면 사랑과 소속 욕구(love & belonging)를, 그리고 더 나아가 존경 욕구(esteem)와 마지막 욕구인 자아실현 욕구(self-actualization)를 차례대로 만족하려 한다는 것이다. 즉, 사람은 5가지 욕구를 만족하려 하되 우선순위에 있어서 가장 기초적인 욕구부터 차례로 만족하려 한다는 것이다.
인간의 가장 본능적인 욕구는 무엇일까? - 매슬로우의 인간 욕구 5단계 이론(시장의 흐름이 보이는 경제 법칙 101, 2011. 2. 28. 김민주)

의 단점으로 인해 불이익을 받는다면 개인은 물론 현장이라는 조직 자체의 자존감마저 크게 상처를 입는 결과가 될 수도 있습니다.

건설업체는 물론이고 점검이라는 이름의 행위를 수행하는 단체와 개인은 이제부터라도 건설현장의 안전활동에 대해 어떻게 공정하게 점검하고 평가할지 고민해야 합니다. 단점만을 찾아내는 것이 아닌 장점과 단점을 고르게 평가해야 한다는 말입니다. 단점에 대해 정확하게 짚어내고 이를 보완할 수 있는 개선 방향과 절차 등을 제안할 필요가 있습니다. 그리고 더불어 장점에 대해서도 단점과 마찬가지로 공정하게 확인하고 인정할 필요가 있습니다. 포상과 같은 칭찬까지 덧붙여진다면 더할 나위 없겠지요. 물론 업체에서는 현장과 현장 구성원들에게 높은 인사고과를 부여하거나 포상 등을 통해 충분히 칭찬하고 있다고 반론을 펼칠 수도 있을 것입니다. 하지만 그 칭찬도 대상이 무엇인지 잘 따져볼 필요가 있습니다. 무재해 등과 같이 결과에만 포상하는 것은 오히려 잘못된 메시지를 전달할 수도 있기 때문입니다.

학생인 자녀들을 칭찬하는 경우, 성적이라는 결과만을 칭찬하는 것도 마찬가지입니다. 자녀가 성적을 올리기 위해 공부하는 시간과 노력에 대한 과정을 칭찬하지 않고 점수로 나타나는 결과만을 가지고 칭찬 여부를 결정한다면 이를 잘못 받아들일 수 있기 때문입니다. 열심히 공부했음에도 불구하고 성적이 오르지 않거나 오히려 노력한 이전보다 낮은 점수를 받는 경우도 있습니다. 이 책을 읽는 분들도 아마 이런 경험은 다들 있으실 겁니다. 이런 상황에서 칭찬은커녕 낮은 점수로 인해 꾸지람을 듣는다면 자녀는 공부에 대한 흥미를 잃는 계기가 될 수도 있습니다. 노력에 비해 좋은 성적을 받게 된 반대의 경우도 바람직하지 않기는 마찬가지입니다. 공부를 열심히 하지 않았음에도 좋은 점수를 받게 된 경우에는 계속 이런 요행을 바라게 될 수도 있습니다. 물론 성적이 점수로 나타나기 때문에 이를 완전히 무시할 수는 없지만 좋은 점과 부족한 점을 공평하게 평가하고 인정해주어야 한다는 의미입니다.

건설현장의 점검과 평가는 장점과 단점을 고르게 확인하고 지적하거나 인정하는 결과로 나타나야 합니다. 그리고 점검과 평가는 눈에 보이는 결과만이 아닌 현장 운영 중 진행되는 노력과 과정도 반영되어야 합니다. 결과에만 집중한 점검과 평가는 안전을 엉뚱한 방향으로 끌고 갈 수 있습니다. 현장에서 유지하는 시스템의 수준이나 노력을 평가하지 않은 점검은 그 당시의 상황만 모면하려는 반작용을 불러올 수 있습니다. 또한 사고 발생 유무와 건수 같은 결과에만 집중하는 평가는 사고를 운에 의한 복불복으로 생각하도록 만드는 원인이 될 수도 있고, 사고를 감추는 은폐라는 그릇된 악습의 유혹에 빠지게 할 수도 있습니다. 점검과 평가는 현장 구성원이 자신들의 강점과 약점이 무엇인지 알게 하고, 강점을 강화하고 약점을 개선하는 자발적인 움직임이 뒤따르는 계기가 되어야 합니다.

넛지와 안전

자연스럽게 유도하기

'넛지nudge'는 원래 '특히 팔꿈치로 슬쩍 찌르다' '주의를 환기시키다'라는 뜻의 영어단어로 미국 시카고대학교의 행동경제학자 리처드 탈러Richard H. Thaler와 법률가 캐스 선스타인Cass R. Sunstein이 공저한《넛지Nudge》란 책을 통해 널리 알려졌습니다. 탈러와 선스타인은 책에서 '타인의 선택을 유도하는 부드러운 개입'이란 의미로 이 단어를 사용했습니다. 금지와 명령이 아닌 팔꿈치로 옆구리를 툭 치는 듯한 부드러운 권유로 타인의 바른 선택을 돕는 것이 넛지입니다. 넛지는 더 나은 선택을 하도록 유도하지만 유연하고 비강제적으로 접근하여 선택의 자유를 침해하지 않는다는 '자유주의적 개입주의libertarian paternalism'에 기반을 두고 있습니다. 어떤 선택을 금지하거나 경제적 인센티브를 크게 변화시키지 않고 예상 가능한 방향으로 사람들의 행동을 변화시키는 것입니다.

넛지 사례는 다양하고 많지만 그중 재미있는 사례는 쓰레기통에 적용된 것입니다. 런던의 한 거리는 수많은 사람들이 버린 담배꽁초로 몸살을 앓았습니다. 그래서 생각해낸 것이 아래와 같은 투표를 할 수 있는 쓰레기통입니다. 두 선택지로 나뉜 이 쓰레기통은 담배꽁초만 들어갈 정도의 작은 구멍이 유일한 입구입니다. 두 개의 공간 위에는 투표의 대상이 적혀있어 흡연을 마친 사람은 자신이 선호하는 대상의 이름이 적힌 쓰레기통에 담배꽁초를 버리는 방식입니다. 사진에 보이는 투표는 '누가 세계에서 가장 최고의 축구선수인가?'라는 질문이 보이고, 대상은 호날두와 메

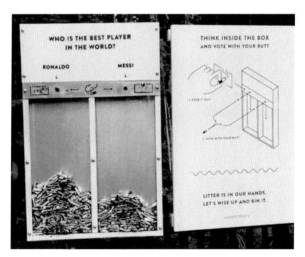

https://i.imgur.com/SdtqyXN.jpg

시입니다. 사진이 찍혔을 때는 호날두가 메시보다 많은 표인 담배꽁초를 얻은 결과를 볼 수 있습니다. 이런 단순한 조치로 바닥에 떨어진 담배꽁초가 많이 줄어들어 좀 더 쾌적한 거리가 되었다고 합니다.

우리나라에서도 이와 비슷한 사례를 쉽게 볼 수 있습니다. 가장 흔하고 많이 알려진 사례는 남자 화장실 소변기에 붙어있는 파리입니다. 남자 화장실에서 나타나는 가장 큰 문제점 중 하나는 소변이 소변기 주위에 많이 튀어 위생적으로도 좋지 않고 냄새도 많이 난다는 것입니다. 이런 문제는 우리나라만의 것이 아니라 전 세계적인 문젯거리였던 모양입니다. 네덜란드 암스테르담의 스키폴 공항에서 문제를 해결하기 위해 내놓은 해결

책이 소변기 중앙에 파리를 그려 넣은 것이었습니다. 화장실 이용객들은 '소변기에 왜 파리가 있지?'라는 생각에 그치지 않고 파리를 맞히기 위해 정확한 조준을 하게 되었고, 이로 인해 소변기 밖으로 튀는 소변의 양이 80% 정도 줄어들었다고 합니다.

넛지(nudge)를 적용한 안전

안전분야에서도 넛지를 이용하는 사례가 늘어나고 있습니다. 안전은 불안전한 상태나 행동을 안전한 상태나 행동으로 변화시켜 위험을 최소화하자는 것이 기본이기 때문에 행동 변화는 안전에서 매우 중요합니다. 위 정의처럼 유연하고 비강제적으로 더 나은 선택을 하도록 유도할 수 있다면 그보다 좋은 것이 없을 것입니다. 넛지의 저자가 소개한 안전에 접목한 사례를 살펴보겠습니다.

미국 캘리포니아 고속도로에는 커브가 갑자기 나타나는 구간에 그림과 같이 일정 간격의 선을 긋는다고 하는데 이 선의 간격은 곡선이 심해지는 구간으로 갈수록 좁아지게 됩니다. 이 구간을 통과하는 운전자는 선의 간격이 좁아질수록 더 빠르게 달린다는 느낌을 받기 때문에 속도를 줄이는 효과를 노린 것으로 이로 인해 차선을 이탈하는 사고가 줄어드는 결과를 얻을 수 있었다고 합니다.

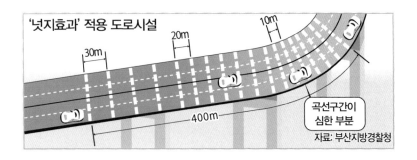

'넛지효과' 적용 도로시설

30m
20m
10m

곡선구간이
심한 부분

400m

자료: 부산지방경찰청

우리나라에도 이와 비슷한 효과를 기대하고 만들어진 고속도로가 있습니다. 톨게이트 앞 노면이나, 갓길 측면을 보면 평평한 일반 주행 도로면과는 다르게 마감을 제대로 하지 않은 것처럼 작은 홈을 연속해서 파놓은 도로 면을 확인할 수 있습니다. 톨게이트 앞에 패인 홈들은 차가 도로면을 빠른 속도로 달릴 때 진동과 소음을 크게 느끼게 만들어 속도를 줄이도록 유도하는 것이고, 갓길 옆의 홈들은 차가 정상적인 주행선을 벗어났다는 것을 운전자가 알 수 있도록 도와주는 역할을 합니다.

도로에 적용된 또 다른 넛지 사례도 있습니다. 청원-상주 간 30번 고속도로에 설치된 방식인데 도로 면에 홈을 일정 패턴으로 만들어 타이어가 달리면서 연속적으로 도로바닥을 망치로 두드리듯이 소리를 만들어 음악으로 들리도록 만드는 것입니다. 실제 이 도로를 달려본 경험이 있었는데 갑자기 '따르릉 따르릉 비켜나세요'로 시작되는 동요가 들려와 깜짝 놀란 적이 있습니다. 이런 장치가 만들어진 도로라는 것을 모르는 상태에서 운전 중에 갑자기 음악이 들려와 오디오 장치가 고장 난 줄 알았습니다. 도로에서 음악이 들리는 것을 이해한 이후에는 실제로 내가 아는 음악의 박자에 맞도록 운전을 하게 된 것은 물론입니다. 이와 같이 도로에서 갑자기 들려오는 음악은 졸음을 방지하기도 하고, 자신이 알고 있는 동요의 박자보다 빠르게 느껴지면 운전자가 속도를 늦추도록 유도하는 두 가지 효과를 충분히 얻을 수 있을 것 같았습니다. 주변을 가실 일이 있다면 청원-상주 간 고속도로를 달려보면서 도로에서 들려오는 음악을 즐겨보는 것도 재미난 경험이 될 것으로 생각됩니다.

넛지라는 정확한 이름으로 불리지는 않았다 하더라도 안전을 확보하기 위해 산업현장에 적용된 이러한 사례를 우리 주변에서 찾아볼 수 있습니다. 공장이나 현장에서 분리대와 같은 물리적 장치를 설치하지 않더라도 지게차와 같은 장비가 이동하는 통로와 작업자가 이동하는 통로를 구분하는 선을 그리는 방식도 일종의 넛지 사례로 볼 수 있습니다. 이런 작은 조치라도 서로 공유하고 활용한다면 좀 더 안전한 건설현장을 만드는데 도움이 됩니다.

https://cdn.labortoday.co.kr/news/photo/200903/86250_34879_21064.jpg

위와 같은 넛지 사례가 바람직한 이유는 사람들의 행동을 억지로 끌어내기 위한 강압적인 분위기를 만들어내지 않기 때문에 안전에 대한 부정적인 이미지가 만들어지지 않기 때문입니다. 더불어 안전한 행동을 자연스럽게 유도해 긍정적인 결과를 얻음과 동시에 행동의 습관화를 기대할 수 있습니다. 넛지에 의한 행동 변화는 많은 투자와 노력이 소요되지 않음에도 상당한 결과를 확인할 수 있습니다. 다음은 교통사고를 줄인 사례 중 하나입니다.

서울 용산구의 삼각지 교차로는 차로변경 사고와 보행자 무단횡단 사고가 많았지만, 진행 방향 혼선방지용 노면 색깔 유도선과 보행자 무단횡단 방지시설 등을 설치해 교통사고 건수가 50% 줄었다고 합니다. 사진을 보면 도로에 좌회전하는 차량이 올바른 주행로에서 벗어나지 않도록 각 방향별로 다른 색깔을 노면에 칠한 것과 무단횡단이 예상되는 구간에 간단한 방지시설을 설치한 것이 전부입니다. 그럼에도 불구하고 교통사고가 50% 줄었다는 것은 놀라운 결과라고 할 수 있습니다. 현장에서 사고가 많이 발생하는 작업 구간에 페인트칠 하나만으로 절반의 사고를 줄였다고 생각해보면 대단한 결과인 것입니다.

다시 강조하면 넛지의 좋은 점은 자연스럽게 긍정적인 행동이 나타나도록 유도하고 이러한 행동이 정착되도록 한다는 것입니다. 만약 교차로의 사고를 줄이기 위해서 교통경찰을 배치해서 주행로를 벗어나는 차량과 무단횡단을 시도하는 보행자를 단속하는 방법을 대책으로 마련했다면 과연 어떤 결과를 얻었을까요? 교통경찰이 직접 통제하는 시간에는 어느 정도 효과를 거뒀을지 모르지만 경찰이 자리를 지키지 않는 상황에서는 운전자와 보행자의 행동이 예전으로 돌아가는 것이 반복되고 결과적으로 긍정적인 결과를 얻을 수는 없었을 것입니다.

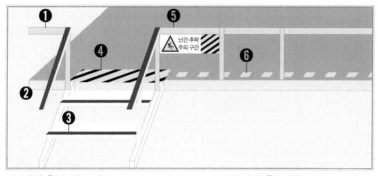

❶ 난간 추락 사고 경고   ❹ 계단 충돌 경고

❷ 계단 이용시 손잡이 사용 지시   ❺ 추락 경고 표지

❸ 계단 끝 선 확인 지시   ❻ 난간 추락 경고

https://image.dnews.co.kr/photo/photo/2022/10/12/202210121621379390667-2-319667.jpg

건설현장에 적용된 넛지 사례는 아직은 많지 않지만 이동통로를 구분하는 여러 방식은 다양하게 적용되어 활용 중이며, 말비계 끝부분에 경보장치 등을 설치해 작업자가 이를 밟고 단부임을 확인해 떨어짐을 예방하는 장치 등이 단편적인 사례 중 하나라고 볼 수 있습니다. 통제나 규제를 통해 잘못된 부분을 억제하고 개선하는 노력과 더불어 자연스럽게 안전 행동을 유도하는 방안에 대한 고민도 건설현장 안전확보에 도움이 됩니다.

손실우연의 법칙

사고의 결과는 우연일까?

2022년 4월 연립주택 신축공사 현장에서 벽체 거푸집 조립작업을 하던 작업자가 전선관 고정용 철근에 옆구리를 찔린 상태로 쓰러져 있는 모습을 동료 작업자가 발견했습니다. 동료 작업자는 거푸집 조립이 완료된 것으로 생각하고 먼저 다음 작업장소로 이동해 기다리던 중 사고를 당한 작업자가 다음 작업장소에 나타나지 않자 동료를 찾으러 원래 작업장소에 돌아와서 사고 상황을 발견했습니다. 사고를 당한 피해자는 약 1m 높이의 말비계에서 작업하다 떨어지면서 철근에 찔린 것으로 추정되었고 사망했습니다.

이 사고를 보면서 하인리히가 주장한 재해 예방 4원칙* 중 손실우연의 법칙이 떠올랐습니다. 손실우연의 법칙은 동일한 사고가 발생하는 경우에 그 피해의 정도는 우연에 의해서 정해지는 것이고 따라서 사고에 의한 결과를 예측할 수 없다는 이론입니다. 위에 소개한 사고로 생각해보면 말비계에서 일하던 작업자가 떨어지는 비슷한 사고가 일어나더라도 사망이라는 치명적인 결과로 나타날 수도 있지만 뼈가 부러지는 상대적으로 피해가 덜한 손실로 끝나기도 합니다. 아니면 어떤 경우에는 떨어진 사람이 조금의 상처도 입지 않는 아차 사고Near miss가 될 수도 있습니다. 이와 같이 사고로 인한 손실의 정도 즉 사고결과는 우연에 의해 결정된다는 이론

---

* 하인리히의 재해 예방 4원칙은 다음과 같습니다.
  원인계기의 원칙: 사고는 여러 가지 원인이 연속적으로 연계되어 일어남
  예방가능의 원칙: 재해는 원칙적으로 원인만 제거하면 예방 가능
  대책선정의 원칙: 재해 예방이 가능한 안전대책은 반드시 존재
  손실우연의 원칙: 사고로 인한 손실의 종류 및 정도는 우연적임

입니다. 손실우연의 법칙을 기반으로 하인리히의 유명한 1:29:300 이론이 성립하게 됩니다. 손실은 우연으로 정해지기 때문에 300건에 달하는 사고의 징후부터 관리해서 이를 차단해야 결국 치명적인 1건의 대형사고를 막을 수 있기 때문입니다. 작은 사고와 징후는 우연에 의해 피해가 크지 않았지만, 언제라도 대형사고로 발전할 수 있어서 허투루 보지 말고 원인을 찾아내고 대책을 수립 및 실행해야 한다는 이론적 근거가 됩니다.

  말비계에서 떨어지는 사고는 어느 현장에서든 흔하게 일어나는 일입니다. 하지만 말비계에서 떨어져 사망하는 경우는 흔하지 않습니다. 별다른 상처나 부상이 없는 경우가 대부분이고 꽤 크게 다친다 하더라도 뼈가 부러지는 정도일 것입니다. 위 사례처럼 사망으로 이어지는 경우는 아주 드물게 발생하는 결과입니다. 손실우연의 법칙이 정확히 맞아떨어지는 사고사례로 보이면서 이 법칙이 상당히 일리 있는 이론이라는 생각이 듭니다. 하지만 뭔가 찜찜한 기분을 떨칠 수는 없습니다. 왜냐면 모든 위험을 찾아내서 사고를 예방하는 것이 최선이지만 미처 발견하지 못한 위험에 의해 사고가 발생하는 것이 현실이라는 생각 때문입니다. 그렇게 미처 예측하지 못한 부분에서 사고가 발생하는 경우, 이후 사고의 결과는 우연에 의해 모든 것이 결정된다고 하면 결국 사고는 운에 의해 결정되는 것이라는 결론에 이르는 것 같기 때문입니다. 사고의 발생과 결과가 우리가 통제하지 못하는 우연과 운에 의해 결정된다면 안전을 위한 우리의 모든 노력이 부정되는 생각이 들기 때문입니다.

손실을 작게 만들 수 있다면

지금부터 손실우연의 법칙에 반론을 제기해 보겠습니다. 작업자가 말비계에서 떨어져 사망한 사고의 결과는 전적으로 우연에 의한 것이었을까요? 말비계라는 작업기구의 특성상 떨어짐 사고 자체를 막기는 어려웠을 수도 있습니다. 하지만 주변에 있는 철근에 보호 덮개와 같은 시설물을 설치했다면 사망사고는 막을 수 있습니다.

물론 보호 덮개를 설치했다고 하더라도 떨어지는 충격에 의해 갈비뼈가 부러지는 등 바람직하지 않은 결과가 나올 수는 있습니다. 하지만 갈비뼈가 부러지는 것과 작업자가 사망하는 결과는 하늘과 땅만큼 큰 차이입니다. 그러므로 사고의 결과가 전적으로 우연에 의한 것은 아니라는 것이 제 주장입니다.

그리고 말비계에서 떨어지는 사고도 발판 단부에 경보장치 등의 시설을 통해 사고 자체를 막을 수도 있고, 떨어짐을 막지는 못하더라도 작업자가 예측을 가능하게 해 짧은 시간이지만 대처를 통해 피해를 줄일 수도 있을 것입니다.

다른 사례도 있습니다. 한 건축물 신축공사 현장에서 자재 양중에 사용하는 유도 로프에 작업자의 다리가 걸려 딸려 올라가는 사고가 있었습니다. 다행히 같이 작업장소에 있던 신호수가 이를 발견하고 즉시 타워크레인 운전원에게 무전으로 상황을 알려 작은 타박상만 입은 사고였습니다. 건축 구조물이 높이 올라간 상태에서는 타워크레인의 위치에 따라 운전원이 눈으로 식별할 수 없는 작업장소가 생기기 때문에 발생한 사고였습니다. 지금도 크레인으로 양중하는 자재나 로프에 걸려 발생하는 사망사고가 드문드문 있습니다. 그렇다면 유사한 종류의 두 사고에서 사망과 작은 타박상이라는 전혀 다른 결과로 갈린 것이 우연에 의한 것이었을까요? 그렇지 않습니다. 작업 환경을 만들고 관리하는 시스템과 시스템에 속해 있는 사람에 의해 갈린 것입니다. 크레인 양중작업 시에는 자재를 다루는 작업자 이외에 신호수를 반드시 배치하고, 작업이 끝날 때까지 안전을 확인하는 시스템을 구축한 현장에서는 작은 피해로 마무리될 수 있었습니다. 하지만 안전관리 시스템 없이 작업자가 단독으로 작업을 진행하다 위험에 의해 사고에 노출된 경우에는 사망이라는 최악의 결과로 나타난 것입니다.

하인리히의 손실우연의 법칙을 모두 부정하는 것이 이 글을 쓰는 목적은 아닙니다. 하지만 사고의 결과가 우연으로 결정된다고 하면 사고 자체가 복불복이라는 생각이 사람들의 머릿속에 자리 잡는 것은 아닌지 우려됩니다. 위험을 찾아내서 사고가 벌어지지 않도록 노력하는 것이 가장 우선되어야 합니다. 그리고 우리가 미처 예상하지 못한 위험에서 사고가 발생할 수 있는 것은 현실이지만, 사고의 결과가 모두 우연에 의해서 결정되는 것이 아닌 사고예방을 위한 노력들이 손실과 피해 정도에 영향을 미처 최소화하는 데 도움이 된다는 것 역시 현실입니다. 건설현장에서 사고가 발생하면 안전에 대한 모든 노력이 물거품이 되었다고 생각하는 경향이 있습니다. 하지만 위험을 찾아내고 대처하는 많은 노력이 사고의 결과에도 영향을 미치고 있음을 기억할 필요가 있습니다.

화면 캡처: 안전보건공단 공식 블로그(타워 크레인 작업 안전)

체르노빌 원자력 발전소 사고

사고 진행 과정

날짜	1986년 4월 26일
시간	오전 1시 24분
위치	우크라이나 SSR 프리피야티
결과	원자력 발전소 폭발, 방사능 유출
국제 원자력 사고 등급(INES)	7단계: 심각한 사고(Major Accident)

　　체르노빌 원자력 발전소 사고Chernobyl Nuclear Power Plant Accident 또는 체르노빌 참사Chernobyl disaster는 우크라이나 소비에트 사회주의 공화국의 체르노빌 원자력 발전소에서 1986년 4월 26일 1시 24분모스크바 기준 시간에 발생한 폭발에 의한 방사능 유출 사고입니다.

　사고는 전원 공급 상실 상황에서 부하 검사, 즉 비상 발전 전원이 들어오기 전까지 터빈의 관성력으로 얼마만큼 발전이 가능한지에 관한 실험을 진행하던 중 일어났습니다. 부하 검사를 위해 안전 시스템을 해제한 상태였으며, 흑연 감속 원자로 자체의 설계 결함과 조작자의 제어봉 조작 실수로 인하여 통제할 수 없는 연쇄 반응이 일어나게 되었습니다. 이 사고로 발전소에서 유출된 방사성 강하물이 우크라이나 소비에트 사회주의 공화국과 벨라루스 소비에트 사회주의 공화국, 러시아 소비에트 연방 사회주의 공화국 등에 떨어져 심각한 방사능 오염을 초래했습니다. 사고 후 소련 정부의 대응 지연에 따라 피해가 커지면서 최악의 원자력 사고가 되었습니다.[*]

---

[*] 체르노빌 원자력 발전소 사고 개요는 위키백과, 실패 100선(21세기북스) 등을 참고해 정리한 내용입니다.

체르노빌 원자력 발전소의 위치는 현재 우크라이나와 벨라루스 국경 근처 체르노빌에서 북서쪽으로 약 18km 떨어진 곳입니다. 사고 당시 체르노빌 발전소는 총 4기의 원자로를 운용 중이었고, 2기의 원자로를 추가로 짓고 있었습니다. 4기의 원자로는 모두 RBMK-1000형 원자로였으며 이 원자로의 특징은 경수를 냉각재로 감속재로는 흑연을 사용한다는 것입니다. 연료는 천연우라늄을 사용하고, 입력관 개수만 늘리면 원자로를 크게 만들 수 있고 운전 중 연료 교체가 가능하기 때문에 운전성이 높다는 장점이 있었습니다. 반면에 다른 원자로에 비해 불안정하다는 단점이 있는 유형이라고 합니다.

사고 이전의 상황부터 사고 이후까지 좀 더 살펴보겠습니다. 사고 전날인 4월 25일에 원자로 4호기는 정기 점검을 위해 가동이 잠시 중단될 예정이었습니다. 원자로 4호기에는 이전부터 원자로의 가동 중단에 대비해 냉각 펌프와 다른 제어장치들을 가동할 수 있는 3기의 비상용 디젤 발전기가 있었습니다. 그러나 이 발전기들은 충분한 전력을 생산하기까지 약 1분의 시간이 걸렸고, 그 때문에 원자로의 가동 중단 시 즉시 냉각 펌프가 작동할 수 있는지가 불확실했습니다. 그래서 발전소에서는 주 전원이 끊어진 상태에서 원자로의 터빈이 관성에 의해 회전할 때, 그 회전 에너지가 원자로의 냉각 펌프 등에 얼마나 오랫동안 충분한 전력을 공급할 수 있는지 알아보기 위한 실험을 계획했습니다.

실험은 원자로의 열 출력이 정상 출력의 1/2 수준까지 낮춰져 오후 2

시까지 유지되었으며, 오후에는 비상노심 정지장치가 가동되면 원자로가 완전히 멈춰버릴 수 있기 때문에 이를 정지시켰습니다. 그러나 이 시점에서 키예프의 배전 담당자가 오후 11시 10분까지 전력을 공급할 것을 발전소 측에 요청해서 출력 강하가 정지되고 실험이 중단되었습니다.

전력공급 요청이 끝난 후에는 원래 목표했던 수준으로 출력이 내려갔지만, 약 30분 뒤에 갑자기 출력이 30MW까지 떨어졌습니다. 갑자기 떨어진 출력을 목표 수준으로 올리기 위해 실험을 진행하던 운전 요원들은 수동조작을 통해 제어봉을 제거하기 시작해 노심에 남아있는 제어봉의 수는 안전 기준인 30개보다 훨씬 적은 6~8개에 불과했습니다. 700MW 이하의 낮은 출력에서 장시간 원자로를 가동시키는 것과 제어봉의 과도한 인출은 모두 안전 규칙을 위반하는 것이었습니다. 그럼에도 불구하고 실험은 진행되었으며, 이후 출력이 상승하자 뒤늦게 제어봉을 삽입하고 냉각수 부족, 핵반응 속도 증가, 원자로 폭주의 일련의 과정이 진행되면서 흑연 노심이 파괴되는 결과로 이어졌습니다.

1차 폭발은 철과 콘크리트로 이루어진 노심을 파괴하여 반응로를 대기에 직접 노출시켰고, 이후 반응로는 2차 폭발을 일으키며 원자로의 콘크리트 천장을 파괴했습니다. 이 두 차례의 폭발로 인해 원자로 내부 연료 중 일부가 파편화되어 주변 지역으로 누출되었고, 감속재로 노심에 있던 흑연도 일부 방출되었습니다. 폭발한 4호기의 반응로와 남아있던 4호기의 천장, 그리고 옆에 있는 3호기 건물의 30개소 이상에서 화재가 발생하였으며 진압되기까지 10일이 걸린 것으로 기록되어 있습니다.

소련 정부는 사고가 일어난 사실을 즉시 공개하지 않았습니다. 그러나 사고가 발생했던 1986년 4월 26일 아침, 사고 지점으로부터 북서쪽으로 약 1,200km 떨어진 스웨덴의 포스막 원자력 발전소에 출근한 과학자의 의복에서 포스막 발전소에서는 발견된 전례가 없는 방사능이 검출되었습니다. 4월 27일과 28일에는 정상 수준보다 6배 이상 높은 방사능이 스웨덴뿐만 아니라 핀란드를 포함한 스칸디나비아반도의 여러 지역과 덴마크에서 검출되었고, 스웨덴 정부는 대기 상황을 고려하여 이 물질이 소련에서 날아온 것으로 추측하고 소련 정부에 해명을 요구하였습니다. 소련 정부는 관영 통신사인 타스를 통하여, 정확한 사고 발생 시각과 피해자의 수 등은 언급하지 않은 채 4월 28일에 사고 발생 사실은 인정했지만 사고에 대한 정확한 정보를 공개하지 않았기 때문에 서방에서는 사고 규모와 사망자 수에 대한 소문 등 진위 여부가 확인되지 않은 추측성 기사만 보도되었습니다. 5월 6일에 이르러서야 미국의 첩보 위성 등이 심각하게 손상된 원자로를 확인하면서 사고가 매우 심각한 규모라는 사실이 간접적으로 알려졌고, 소련이 사태의 심각성을 제대로 보도하기 시작했습니다.

2008년 발간된 국제연합UN 방사선 영향에 관한 과학위원회UNSCEAR 보고서64~65쪽의 피해 상황을 정리하면,
　- 134명의 발전소 직원과 긴급 작업원들이 급성방사선증후군을 보일
　　정도의 높은 방사능에 노출, 베타선에 의한 피부 손상

- 28명 방사능 피폭 원인으로 사망
- 급성방사선증후군 생존자의 주된 증상은 피부 손상과 방사선으로 인한 백내장
- 우유가 아이오딘-131에 오염되어 일반 대중이 갑상선에 많은 피폭을 받게 되었고, 사고 당시 아동이나 청소년이었던 사람들 중 현재까지 갑상선암이 6,000건 이상 발생
- 2005년까지 15명이 그로 인해 사망했다고 합니다.

사고의 직접 피해 상황을 보겠습니다. 사고가 일어난 시점에 4호기에서 근무하고 있던 직원 중 기수분리기에서 근무하던 순환 펌프 기사 발레리 호뎀추크는 폭발로 인해 즉사하였으며, 다른 곳에서 일하던 자동제어시스템 기술자인 블라디미르 샤셰노크는 전신 화상을 입고 의식을 잃은 채 병원으로 후송되어 사고 당일 사망하였습니다. 이외에도 발전소 직원 중 물리학자 이반 오를로프를 포함한 3명이 폭발과 그로 인한 과다한 방사선 노출로 사망하였고, 이 실험의 총책임자인 아나톨리 댜틀로프 역시 피폭당해 이 사건이 발생한 지 9년 후인 1995년 숨을 거두게 됩니다. 또한 화재 진압과 초기 대응 과정에서 발전소 직원과 소방대원 등을 포함하여 약 1,100명의 인원이 투입되었는데, 이들 중 237명이 급성 방사능 피폭 증상을 보였습니다. 최종적인 진단 결과 134명이 급성 방사능 피폭으로 확진되었고 이들 중 28명 사고 직후 최초에 투입된 14명의 소방관 포함이 사고 후 수개월 이내에 사망하였습니다. 이후에 발생한 사망자를 포함하여, 2006년 우크라이나 정부의 집계로는 총 56명이 초기 대응 과정의 방사능

피폭으로 사망하였다고 합니다.

주변 지역의 피해도 상당한 수준이었습니다. 사고 당시 발생한 방사능 낙진은 체르노빌 주변에 있는 러시아, 벨라루스, 우크라이나 세 나라뿐만 아니라, 유럽 곳곳으로 퍼져 많은 지역을 오염시켰습니다. 우라늄-235의 핵분열 생성물 중 하나인 세슘-137의 농도로 토양의 방사능 오염을 측정한 결과, 유럽 전체에 걸쳐 19만km²에 이르는 영역이 m²당 37kBq킬로베크렐** 이상의 방사능으로 오염되었으며, 주변 3국의 오염 규모는 15만km²에 이르렀습니다. 그중에서도 벨라루스의 낙진 피해가 심했는데, 이는 방사능 누출이 심했던 4월 26일과 27일에 낙진을 실어나른 바람의 방향이 벨라루스로 향했기 때문입니다. 낙진으로 인해 벨라루스 전 국토의 22% 가량이 방사능에 오염되었고, 발전소와 가까운 일부 지역은 오염 정도가 발전소를 중심으로 한 30km 구역에 비견될 만큼 심각하게 오염된 곳도 있었습니다.

우크라이나에서는 사고가 있었던 발전소 4호기를 중심으로 한 주변

** 베크렐(Bq)은 특정한 물질이 방사선을 낼 수 있는 능력을 측정하는 국제단위입니다. 보통 1베크렐은 1초 동안 1개의 원자핵이 붕괴할 때 방출되는 방사능의 강도를 의미하고, 주로 채소, 수산물, 해양, 토양의 오염 정도를 파악하는 데 사용합니다. 베크렐 단위로는 동일한 수치라 하더라도 피부조직을 뚫지 못하는 알파선을 받았을 때와 투과력이 강한 감마선을 받았을 때 인체가 받는 영향은 매우 다릅니다. 그래서 각 방사선의 종류와 그로 인한 몸의 영향도를 고려하기 위해 시버트(Sv) 단위를 사용하고, 국제방사선방화위원회가 정한 일반인 기준 연간 피폭선량 한도는 1mSv입니다.

지역의 오염이 가장 심각하였으며, 주요 오염 지역은 벨라루스와 인접한 북부 지역이었습니다. 우크라이나의 오염 지역 중 발전소 인근 지역과 다른 일부 지역에서는 방사능이 m²당 1500kBq에 이르는 곳도 있었으며, 체르노빌 사고로 인해 우크라이나의 삼림 중 40%가 방사능에 오염되었습니다.

체르노빌 사고가 이야기하는 것

체르노빌 사고는 피해가 큰 대형사고이기 때문에 주목을 받은 것도 있지만 안전분야에서는 최초로 안전문화가 얼마나 중요한지 주목받고 일깨워주는 계기가 되었던 이유도 있습니다. 기술적 문제가 아닌 문화적 문제는 어떤 것이 있었는지 살펴볼 필요가 있습니다.

우선 원자력 발전소의 건설과정을 보겠습니다. 냉전 시대였던 그 당시 소련과 미국은 다양한 분야에서 서로의 우위를 확인하기 위해 경쟁을 펼쳤습니다. 원자력 분야도 그중 하나였는데 무기로서의 원자력은 미국이 양과 질에서 모두 앞서갔기 때문에 당시 소련은 원자력을 발전에 활용하면서 도덕적 우위를 내세우며 체제 선전의 도구로 활용했습니다. 문제는 이런 소련의 원자력 발전소 정책이 너무 무리하게 이루어졌다는 점이었습니다. 이는 원자력 발전소 건설에 필수적인 안전 문제를 소홀히 하는 결과를 불러왔습니다. 체르노빌 원전도 무리한 일정임에도 공사를 강행했고, 상용화 이전에 안전검사를 소홀히 한 것으로 이후 드러났습니다.

사고 당시에도 안전에 소홀한 문화가 그대로 재현되었습니다. 원래 안전실험을 진행하기로 한 날짜보다 일정이 하루 지연되면서 교대근무로 인해 실험을 준비하던 인원이 아닌 다른 인원이 실험을 진행하게 되었습니다. 문제는 새롭게 투입된 인력이 모두 실험에 대한 경험이 부족한 인력이었고 인수인계도 미흡했습니다. 또 예정에 없던 키예프의 전력공급 요청을 그대로 받아들여 계획되지 않은 방식으로 실험이 진행되었습니다. 안전을 지키고자 했다면 이런 여건을 고려해 다시 실험계획을 세우고 진행하는 것이 위험을 최소화하는 방식이었을 것입니다.

그리고 발전소는 초기에 사고를 축소 은폐했고 중앙정부는 상황을 정확히 파악하지 못했습니다. 당시 최고 권력자였던 고르바초프에게도 처음에는 단순한 화재 정도로 상황이 축소되어 보고되었을 정도였습니다. 하지만 그사이 엄청난 방사능이 지속적으로 유출되고 있었고 인근 지역으로 퍼져나가면서 그 피해가 더욱 커지는 결과로 이어졌습니다. 사고에 대해 투명하게 정보를 공개하지 않았기 때문에 사고 후 돌아온 노동절인 5월 1일에는 모스크바의 지시를 받은 우크라이나 공산당 정치국은 퍼레이드 시간과 참가 인원수는 축소했지만 행사는 강행하기로 결정했습니다. 또한 우크라이나 공산당은 정치구원들과 시 당국자들이 자녀와 손자 손녀를 포함한 가족들과 함께 참가해 키예프 시민들에게 상황이 안전하다는 것을 보여주라고 촉구하기도 했습니다. 이로 인해 행사에 참가한 많은 시민들이 피폭자가 되었습니다.

이와 같이 체르노빌 원전 사고는 커다란 피해를 남겼고, 세계 각국의 원전 안전에 대한 경각심을 높이는 계기가 되었습니다. 사고로 인한 인적 물적 피해는 물론이고, 이 사고로 인해 고르바초프가 소련 체제의 문제점을 크게 느끼고 개혁, 개방정책으로 나가는 계기가 되었다는 평가도 있습니다. 한편으로는 사고 수습 과정에서 막대한 비용이 발생하면서 소련이 심각한 재정 위기에 직면했고, 소련의 붕괴에 결정적인 영향을 주었다는 해석도 있을 정도입니다.

체르노빌 원전 사고는 결코 잊어서는 안 되는 비극이었으며 아직도 마무리되지 않은 사고입니다. 산업안전 분야에서는 안전 분위기, 즉 안전문화의 중요성이 대두되는 계기가 된 사고이기도 합니다. 체르노빌 사고의 원인으로 지적된 분위기와 문화는 첫째, 윗사람의 지시에 반대할 수 없는 관료주의적 문화와 둘째, 속도와 성과를 중시하는 성과주의적 문화, 마지막으로 기술의 완전함을 빠른 시간 내에 증명해야 하는 경직된 분위기 등이 거론됩니다. 따라서 사고 예방을 위해서는 정보와 의견을 공유할 수 있는 수평적 문화와 성과에만 몰입하지 않고 안전을 점검하는 현장 분위기, 적정한 기간이 주어지고 이를 유연하게 적용할 수 있는 사회적 문화가 만들어져야 합니다.

안전대책 우선순위

사고예방 효과에 차이를 보이는 대책들

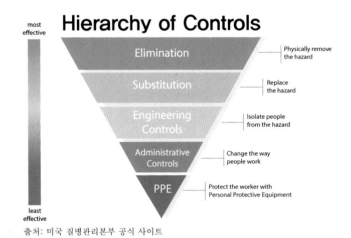

출처: 미국 질병관리본부 공식 사이트

위 그림은 '안전대책 우선순위'로 검색하면 쉽게 구할 수 있는 그림입니다. 가장 위에 위치하고 있는 '제거'부터 '대체', '기술적 통제', '관리적 통제', '개인 보호구' 순으로 정리되어 있습니다. 그리고 각각의 색은 왼쪽 수직 막대에 보이는 것처럼 제일 위 파란색인 가장 효과적인 대책부터 가장 아래 빨간색으로 표현된 효과를 기대하기 어려운 대책까지 순서대로 정리되어 있습니다. 이 그림이 내포하고 있는 내용을 건설현장의 예를 들어 설명해 보겠습니다.

제거(Elimination)

'안전대책 우선순위'에서 가장 효과적인 대책으로 설명하고 있는 '제거'는 위험 자체를 없애 사고를 예방하는 방식을 말합니다. 건설현장에서 가장 많이 발생하는 추락사고를 하나의 예로 아파트 현장에 적용된 작업 방법으로 설명하겠습니다. 최근 아파트 현장에서는 각 세대가 위치하는 기준층 공사는 예외 없이 갱폼을 사용합니다.

갱폼은 아파트 건물 외부에 붙이는 거푸집으로 생산성 향상에도 기여하지만 건물 내부에서 일하는 작업자가 외부로 추락하는 위험을 원천적으로 차단해 안전에도 큰 기여를 하는 공법입니다. 이런 조치가 '제거'에 해당한다고 볼 수 있습니다. 갱폼이 사용되기 이전의 아파트 공사현장의 작업을 보면 외부에 강관 비계를 조립하고, 작업자는 그 비계 위를 이동하면서 건물 외부에 형틀을 조립하는 과정의 반복이었습니다. 이러한 방법은 비계를 조립하는 순간은 물론이고 비계 위에서 형틀작업이 진행되는 순간에도 추락위험에 노출되는 것이 현실이었습니다. 그리고 아파트의 층고가 높아지면서 강관 비계의 구조적 안전성을 확보하는 것이 어려워 붕괴 역시 무시할 수 없는 위험이었습니다. 하지만 갱폼이 사용된 이후에는 작업자의 추락사고가 원천적으로 차단되었고, 붕괴에 대한 우려도 상당 부분 해소되었다고 볼 수 있습니다.

또 다른 제거에 대한 사례는 배관연결작업에서 찾을 수 있습니다. 배관을 연결하는 작업이라고 하면 가장 먼저 떠오르는 방식이 용접입니다. 그리고 용접 중에 발생할 수 있는 사고로 널리 알려진 것은 화재입니다. 용접작업 중 화재를 예방하기 위해서 화재감시자 배치, 불티비산방지포 설치와 소화기 배치 등 다양한 사고예방 조치 및 활동을 하고 있습니다. 이러한 모든 활동은 화재의 위험을 줄이기는 하지만 근본적인 위험을 없앴다고 할 수는 없습니다. 화재사고에 대한 근원적 차단보다는 화재가 발생했을 때 효과적으로 대처해 화재로 인한 피해를 최소화하는 목적이 큽니다. 물론 불티비산방지포는 화재를 예방하는 조치이지만 많은 용접이 건물 상부에서 이루어지는 현실에서 방지포로 모든 불티비산을 막는다는 것이 현실적으론 꽤 어려운 일이기도 합니다.

이런 이유로 최근에는 용접이 아닌 조립식으로 배관을 연결하는 작업 방식이 선호되고 있습니다. 지금 당장은 초과 비용 등으로 일부 현장이나 위치에만 적용되고 있지만, 위험의 제거라는 장점이 있는 만큼 안전과 사고 예방을 위해 사용 방법과 범위가 계속 개발되고 확대되어야 할 것으로 생각합니다.

대체(Substitution)

'대체'는 '제거'만큼은 아니지만 사고를 예방하는 데 상당한 효과를 기대할 수 있는 대책입니다. 앞서 설명한 아파트 공사의 작업방식 중 추락 사고 예방에 초점을 맞춰 설명하고 이해하는 것이 쉬울 것 같습니다. 아파트 기준층의 구조물 작업은 갱폼을 도입함으로써 추락사고를 막을 수 있지만, 주로 주차장으로 활용되는 지하층의 경우에는 갱폼을 사용할 수 없습니다. 따라서 지하 구조물 작업은 기존 재래식 형틀작업방식을 적용하는 것이 일반적이었습니다.

하지만 최근에는 지하층 구조물 공사도 PC 공법과 같은 조립식공법을 적용하는 현장이 점차 늘어가고 있습니다. 이런 조립식공법은 공기 단축과 같은 시공상 이점도 있지만, 추락의 위험이 있는 개구부나 슬래브 단부가 많이 발생하지 않고 작업자 투입 역시 최소화하면서 추락에 대한 위험을 줄인다는 장점도 갖고 있습니다. 일정 규모의 구조물을 완성하는 데 수십 명의 작업자가 좁은 공간에 투입되어 다양한 위험에 노출되는 환경에서 이동식 크레인과 고소작업대 등 건설장비와 5명 내외로 구성된 하나의 팀만으로 동일한 규모의 작업이 이루어진다는 것은 안전 측면에서도 큰 이점이 있습니다. 이와 같이 위험을 근본적으로 제거하지는 못하지만 가능한 최소화함으로써 사고 발생 가능성을 줄이는 방식을 대체라고

합니다.

기술적 통제(Engineering controls)

'기술적 통제'는 대체와 함께 묶어 이해하면 쉽습니다. 앞서 설명한 바와 같이 '대체'는 위험을 가능한 줄이고자 하는 목적으로 적용하지만, 위험을 완전하게 '제거'하지 못한 상태이기 때문에 위험은 남아있습니다. 아파트 지하층 구조물 작업에 적용되는 PC 공법도 작업자가 추락위험에 노출되는 것을 최소화하지만 높은 곳에서 이루어지는 조립작업이기 때문에 사고의 위험은 남아있는 상태이고 작업 중 사고가 발생하지 않도록 하는 대책이 필요합니다.

이런 경우에 적용되는 것이 '기술적 통제'입니다. 작업자가 PC 부재 상부에 올라 조립작업을 진행하는 도중에 추락의 위험이 없도록 단부에 안전난간을 설치하거나, 위험작업공간 하부에 방망을 설치하고 작업자는 안전대를 착용하고 부착설비에 고정하는 등의 '기술적 대책'을 적용하는 것입니다. '제거'부터 '기술적 통제'까지가 건설현장에 적용해 효과를 기대할 수 있는 대책이라고 볼 수 있습니다.

관리적 통제(Administrative controls)

네 번째 대책이 '관리적 통제'입니다. 가장 대표적인 '관리적 통제' 방법은 작업자를 대상으로 한 안전교육입니다. 지상층 작업에는 갱폼을 적용하고, 지하층 작업에는 PC 공법과 안전난간, 방망 설치 등 다양한 대책을 적용했지만 그럼에도 불구하고 추락위험에 대해 알리고 위험한 행동을 인식하도록 하는 것이 '관리적 통제'인 안전교육입니다. 여기에 작업이 진행되는 과정에 위험을 확인하도록 관리감독자나 작업지휘자를 배치하는 것 역시 '관리적 통제'라고 볼 수 있습니다. 하지만 현장에서 안전을 담당해본 분들은 아시겠지만 교육을 통해 작업자의 생각이나 행동을 변화시킨다는 게 그리 쉬운 일은 아닙니다. 또 작업현장에 관리감독자나 작업지휘자, 신호수를 배치한다고 해서 작업의 모든 부분을 통제할 수 있다고 보기도 어렵습니다. 그렇기 때문에 '관리적 통제'의 효과성 순위가 낮은 것입니다.

마지막 단계는 '개인 보호구'입니다. 하지만 개인 보호구가 안전대책이 될 수는 없다는 것이 개인적인 의견입니다. 개인 보호구는 사고가 발생했을 때 피해를 최소화하기 위한 보조적 수단이지 사고를 예방하는 기능은 거의 없기 때문입니다.

화면 캡처: 교육부 국립특수교육원

개인 보호구 중 대표적인 것이 안전모인데 머리에 쓰는 안전모는 낙하나 추락사고에서 작업자의 머리를 조금이라도 보호하기 위해 착용하는 것이지 안전모 자체가 낙하나 추락사고를 예방하는 기능이 있는 것은 아닙니다. 물론 안전대는 추락사고 자체를 예방하지 않느냐고 반문할 수도 있습니다. 하지만 안전대의 경우에도 추락 자체를 예방하는 경우는 거의 없고, 추락 사고에서 작업자가 떨어지는 길이를 줄여주는 역할이 전부입니다. 사례로 든 PC공법의 경우에도 부착설비에 안전대를 고정하고 작업한다 하더라도 추락 자체를 안전대가 예방하지는 못합니다. 만약 작업자가 PC 자재 위에서 실수로 떨어질 경우, 바닥까지 추락하지 않고 안전대 죔줄의 길이만큼 떨어짐을 줄여 피해를 최소화하는 것이 목적이고 개인보호구에 우리가 기대할 수 있는 전부입니다.

우선 고려해야 하는 제거와 대체

사례를 통해 안전대책 우선순위를 이해하셨다면 현장의 안전관리를 어떤 방식을 중심으로 해야 할지 파악되었을 것으로 기대합니다. 가능한 '제거'의 수단을 통해 존재하는 위험을 없애고 작업자가 그 위험과 접촉하지 않도록 하는 것이 가장 바람직합니다. 그리고 '제거'가 현실적으로 가능하지 않다면 '대체'할 수 있는 다양한 방법을 고려해 적용하고, 완전히 제거하지 못해 남아있는 위험을 '기술적 통제'를 통해 사고로 이어지지 않도록 조치하는 것이 필요합니다. 이렇게 '기술적 통제'까지 준비된 이후에 안전교육과 같은 '관리적 통제'로 부족한 부분을 보완해야 합니다. '개인보호구'는 혹시 발생할지 모를 사고에서 작업자의 피해를 최소화하는 최후의 수단입니다. 간혹 제거부터 관리적 통제까지 검토하지 않은 상태에서 '개인 보호구' 착용만으로 현장에서 해야 할 모든 안전대책을 한 것으로 착각하는 경향이 있는데 이는 정말 위험한 생각이자 오해입니다.

사고사례에 안전대책 우선순위를 대입해 좀 더 설명하고 이해해 보겠습니다. 2021년 6월 전주의 한 현장에서 작업자가 추락해 사망한 사고가 있었습니다. 사고는 타워크레인 해체 중 브레이싱을 철거하던 과정에 벌어졌습니다. 작업자는 마스트에 설치된 브레이싱의 연결핀을 어느 정도 풀어놓은 상태에서 반대편 볼트를 제거하기 위해 브레이싱 위로 이동한 것으로 보입니다. 작업자가 이동하던 중 마스트쪽 연결핀이 빠지면서 브레이싱이 흔들렸고, 그 흔들림으로 인해 추락하게 된 것입니다. 작업자는 안전대를 착용하고 브레이싱에 설치된 안전대 부착설비인 생명줄에 안전고리를 걸었지만 조립상태가 안 좋았던 것인지 아니면 로프의 강도가 부족했던 것인지 생명줄이 끊어지면서 추락해 사망했습니다.

전주 건설현장서 타워크레인 작업 중 또 노동자 사망사고

ⓒ 승인 2021.06.22 18:27

전주 신시가지 유탑유블레스 신축 현장
타워크레인 해체 작업 하던 A씨 추락사

인기 뉴스

1 [단독] 한
롭힘' 신

2 라인·카카
사업 '중

http://www.ntoday.co.kr/news/articleView.html?idxno=79132

이 사고에서 위험을 '제거'하는 방법은 어떤 것이 있을까요? 브레이싱 위로 사람이 이동하는 행위는 추락의 위험이 있는 방식이니 이 위험을 제거하는 것이 필요합니다. 추락위험이 없는 작업방식은 여러 가지가 있을 수 있습니다. 우선 한 사람이 모든 브레이싱의 연결핀을 제거할 것이 아니라 마스트 쪽에 한 명의 작업자가 위치하고, 반대편 건물 쪽에 다른 작업자가 위치해 제거작업을 진행했다면 브레이싱 위로 작업자가 올라갈 일이 없게 됩니다. 그렇다면 두 명의 작업자가 고정된 위치에서 작업을 진행할 수 있으므로 추락이라는 위험을 '제거'하는 방법이 되는 것입니다.

'제거'가 어렵다면 '대체'하는 방법도 있습니다. 연결핀 제거작업을 위해 작업자가 브레이싱 위로 이동하는 방법이 아닌 고소작업차를 활용해서 작업자가 작업대에서 연결핀에 접근해 제거작업을 진행하는 것입니다. 이 방법은 건설장비를 이용해 추락이라는 위험은 차단이 가능해 보이지만 장비의 결함 등에 의한 넘어짐 등의 위험은 남아있어 '대체' 방법으로 생각됩니다.

이 현장에서는 안타깝게도 작업자가 철골 위를 걸어서 이동하는 위험이 높은 작업방법을 선택하고 '개인 보호구'를 통해 사고를 방지하고자 했습니다. 계속 반복하지만 브레이싱 위를 작업자가 걸어가는 행동은 추락이라는 위험에 노출되는 것입니다. 그리고 순간의 실수 등으로 인해 추락이 발생하는 것이고, '개인 보호구'는 사고를 예방하는 것이 아닌 추락사고가 발생했을 때 피해의 최소화를 기대하는 것입니다. 하지만 견고하게 설치되지 못한 생명줄이 끊어지면서 바닥까지 추락한 작업자는 사망하고 말았습니다. 생명줄이 끊어지는 일이 없었다 하더라도 떨어지는 충격에 의해 작업자는 부상을 입을 수밖에 없고, 최악의 상황이 발생한다면 생명이 위험해질 수도 있기 때문에 '개인 보호구'는 적정한 안전대책이 될 수 없다고 이야기하는 것입니다.

지금까지 안전대책을 선정할 때 고려해야 할 우선순위에 대해 알아보았습니다. 우리는 흔히 가장 쉬워 보이는 개인 보호구 착용을 안전대책으로 선택하고, 이러한 선택으로 모든 책임을 다한 것으로 착각합니다. 하지만 앞서 보았듯이 개인 보호구는 가장 효과가 떨어지는 최악의 안전대책입니다. 시간과 노력이 더 요구되지만 위험을 제거하거나 최소화하는 방법에 대해 고민하고, 그럼에도 불구하고 잔존하는 위험을 기술적으로 통제해야 현장에서 발생하는 사고를 효과적으로 막을 수 있습니다. 관리적 대책과 개인보호구에 의존하는 작업방식과 안전관리는 위험이 남아있는 대책으로 작은 방심과 허점으로 인해 사고가 발생할 수 있기 때문입니다.

08

휴먼 에러

휴먼 에러 이해하기

사고 요인 중 하나로 휴먼 에러가 있습니다. 휴먼 에러의 종류에 관해 많은 연구가 이루어지고 있으며 다양한 정의와 해석*이 존재합니다. 휴먼 에러에 대한 다양한 해석이 존재한다는 것을 알 수 있는 증거 중 하나는 휴먼 에러를 통일된 우리말로 번역하지 않고 다양한 단어로 사용하는 것입니다. 에러를 실수, 착각, 잘못, 오류 등 다양한 단어로 해석해 설명하

---

* 인간은 심리적 · 정신적 · 신체적으로 불완전한 존재이기 때문에 한계로 인해 일상생활이나 생산 활동 등에서 허용범위를 벗어난 일련의 인간 동작 즉 에러를 범하며 살고 있는데 이를 휴먼 에러로 정의하고 있습니다. 휴먼 에러는 일상에서 작은 불편을 초래하기도 하지만 인명과 재산 손실을 가져오는 대형사고의 결정적 원인이 되기도 합니다.

고, 영어로는 Error로 적지만 Mistake, Fault, Lapse 등을 적용해도 그리 다른 의미가 아닙니다. 이렇게 다양한 의견이 있고 아직은 완전하게 정착되지 않았다고 볼 수 있는 휴먼 에러에 대해 알아보는 이유는 인간이 저지를 수 있는 다양한 실수와 문제를 이해한다면 이에 적합한 대책 역시 만들 수 있는 가능성이 높아지기 때문입니다.

많은 학자들이 다양한 분류를 제시하고 있는데 이 중 대표적인 몇 개의 이론을 소개하겠습니다.

리즌James T. Reason의 휴먼 에러 분류부터 살펴보겠습니다. 리즌은 불안전 행동을 의도적인 경우와 의도적이지 않은 경우로 나누었는데 의도적 행동은 위반Violation과 착오Mistake가 있습니다.

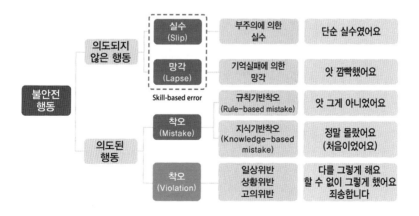

위반은 의도적으로 부적절한 행위를 하는 것을 말하는데 일상적 위반, 예외적 위반, 사보타주Sabotage가 있습니다. 일상적 위반은 현장에서 안전모 등 개인 보호구 착용에 대한 규칙을 알고 있지만, 일상적으로 이를 무시하고 작업을 하는 것이 이해하기 쉬운 예입니다. 예외적 위반은 높은 곳에서 작업을 할 때 안전대를 고정하도록 되어 있지만 단기간 작업 시 '잠깐 작업하는데 무슨 일이 생기겠어?'라고 생각하고 이를 지키지 않는 것을 말합니다. 사보타주는 작업능률을 저하시키는 태업으로 번역하는데 실제 의미는 태업보다 넓은 재산 파괴도 포함되는 내용을 말합니다. 하지만 리즌은 이러한 위반Violation은 불안전 행동에는 해당하지만 휴먼 에러에는 해당하지 않는 것으로 보았습니다. 이와 같은 위반에 대한 대책은 규칙 준수의 필요성을 작업자가 이해하고 받아들이도록 교육을 하거나, 규칙을 위반하는 작업자에 대해 불이익을 주는 방식이 있습니다. 최근 규칙 준수를 강조하기 위해 작업자를 현장에서 퇴출시키는 1 Strike-Out이나 3 Strike-Out 제도가 이에 대한 대책으로 볼 수 있습니다.

리즌이 불안전 행동 중 휴먼 에러로 분류한 착오Mistake는 규칙기반 착오와 지식기반 착오가 있습니다.

규칙기반 착오는 올바른 규칙을 잘못 적용하거나 잘못된 규칙을 적용하는 것을 말합니다. 현장은 건설장비가 작업하는 공간에는 작업자가 접근해서는 안 된다는 올바른 규칙이 있습니다. 이는 혹시라도 건설장비가 예상하지 못한 방식으로 움직이는 경우에도 사람이 작업반경 내에 위치하지 않는다면 부딪힘이나 끼임 등의 사고를 막을 수 있기 때문에 만들어진 규칙입니다. 그리고 유도자가 건설장비 주변에 배치되어 작업반경 내 다른 작업자가 접근하지 못하도록 통제한다면 이는 올바른 규칙을 제대로 적용한 올바른 행동입니다. 하지만 이러한 올바른 행동을 유도자 자신은 건설장비의 작업반경 내에 위치한 상태에서 진행한다면 이는 올바른 규칙을 잘못 적용한 규칙기반 착오인 휴먼 에러가 됩니다.

지식기반 착오는 잘못된 믿음, 과신 등에 의한 것으로 가장 대표적인 것이 안전대를 현장에 적용하는 방식을 꼽을 수 있습니다. 규칙에는 분명하게 작업자가 안전하게 작업할 수 있는 발판과 공간을 제공하고 부득이한 경우에 안전대를 활용하는 것으로 규정하고 있지만, 많은 현장에서 작업 발판을 설치하는 등의 방법으로 안전한 작업공간 제공에 대한 고민보다는 안전대 사용을 최선의 추락방지조치로 생각하고 맹신하고 있습니다. 이러한 착오에 대한 대책은 관련 작업이 진행되는 장소에 규칙의 내용을 알리는 표지를 부착하는 등의 방법이 있습니다.

또 현장 참여자가 규칙에 대해 정확한 이해를 할 수 있도록 충분한 교육을 진행하는 것도 도움이 되고, 규칙 자체를 알아보기 쉽게 작성하는 것도 하나의 방법입니다.

의도하지 않은 휴먼 에러는 숙련기반의 에러skill based error로 망각Lapse과 실수Slip가 있습니다.

망각은 기억하지 못하는 에러를 말합니다. 철골 조립작업 중 가조립 후 일부 볼트를 조이지 않는다거나 고소작업자가 의도하지 않게 안전대 고리를 부착설비에 고정하는 것을 순간적으로 깜빡 잊는 등의 불안전 행동을 의미하는 것입니다. 이러한 에러를 방지하는 방법으로는 안전한 작업방법에 대해 망각이 발생하지 않도록 체크리스트를 작성해 확인하는 등의 방법이 있습니다. 공중화장실 등에서 청결 상태 점검항목을 작성해 빠짐없이 확인하도록 만드는 것을 흔히 볼 수 있는데 이러한 방식이 망각을 예방하는 조치라고 할 수 있습니다.

실수Slip는 상황은 제대로 이해하고 있으나 의도와는 다른 행동을 하는 경우를 말합니다. 계획되지 않은 행위가 나타나는 것으로 컴퓨터를 사용 중 저장 버튼을 누르려다 삭제 버튼을 누르게 되는 등의 행위가 실수입니다. 이러한 실수는 일상생활에서도 자주 나타나는데 대부분 부주의에 의한 경우가 많습니다. 따라서 실수를 예방하기 위해서는 주의를 잃지 않도록 중요 내용은 크기를 크게 한다거나 눈에 띄는 색을 칠하는 등의 조치로 주의를 끄는 방법을 활용할 수 있습니다. 지금 이 책을 쓰기 위해 사용하는 워드 프로세서도 저장을 하지 않고 프로그램을 종료하는 실수를 예방하기 위해 종료 버튼을 누르면 아래와 같이 저장 여부를 묻는 창이 자동으로 나타나도록 설계되어 있습니다. 또한 작업시간이 길어지면 집중력이 떨어질 가능성이 있기 때문에 일정 시간마다 휴식을 취하도록 조치하는 것도 필요합니다.

미국의 심리학자 스웨인Alan D. Swain은 원자력 발전소의 휴먼 에러 유형을 조사하는 과정에서 휴먼 에러를 인간 행동Behavior의 관점에서 분류

하는 방법을 주장했습니다. 휴먼 에러를 작업 수행에 필요한 행동을 하는 과정에서 발생하는 에러와 작업 수행에 불필요한 행동을 한 경우의 에러로 분류한 것입니다.

필요한 행동에 의한 에러는 생략 에러Omission error와 수행 에러Commission error로 나뉘고, 수행 에러는 시간 에러Time error, 선택 에러Selection error, 순서 에러Sequential error, 양적 에러Quantitative error로 상세하게 분류하였습니다. 스웨인이 말하는 에러는 해야 할 것에서 벗어난 상태를 의미합니다. 스웨인의 이러한 분류방식은 휴먼 에러의 기본 모델이 되어 유사한 휴먼 에러의 분류방법들이 나오는 기초가 되었습니다. 하지만 이 분류는 어떻게 휴먼 에러가 발생했는지 분석할 수 없기 때문에 사고 예방에 활용할 수 없다는 한계가 있습니다.

생략 에러 (Omission error)		작업의 전체 또는 일부 절차를 수행하지 않음
수행 에러 (Commission error)	시간 에러 (Time error)	필요한 작업과 절차를 너무 빠르거나 늦게 수행
	선택 에러 (Selection error)	잘못된 지휘·안내 또는 잘못된 방법 선택
	순서 에러 (Sequential error)	작업 절차의 순서 틀림
	양적 에러 (Quantitative error)	너무 적거나 많은 작업 수행
	불필요 수행 에러 (Extraneous error)	작업과 관계없는 행동

위에 설명한 리즌과 스웨인의 휴먼 에러 분류가 가장 대표적인 방식이라고 생각되지만 앞서 언급한 바와 같이 이외에도 휴먼 에러를 이해하고자 하는 다양한 시도가 있습니다. 미국의 심리학자인 루크L. W. Rook는 에러는 개인의 실수보다는 조직 활동 중에서 발생하는 것으로 보는 것이 합리적이라고 주장하며 휴먼 에러를 ① 인간공학적 설계 에러, ② 제작 에러, ③ 검사 에러, ④ 설치 및 보수 에러, ⑤ 조작 에러, ⑥ 취급 에러로 분류했습니다.

사고 예방에 활용하려면

다양한 방식과 내용으로 휴먼 에러를 정의·분류하는 근본적 이유는 휴먼 에러로 인해 발생하는 사고를 막자는 것입니다. 휴먼 에러에 대한 정의가 다양한 것처럼 이를 방지하는 방법론 역시 다양할 수 있지만 기본적인 내용은 정리가 가능합니다.**

휴먼 에러를 방지하는 가장 기본적인 방법은 다음 2가지가 있습니다. 휴먼 에러는 전조가 있으므로 전조 단계에서 방지하고, 배후요인이 있으므로 배후요인을 줄이는 것입니다.

휴먼 에러는 규칙성이 있고, 재발의 예측이 가능한 형태를 가지고 있기

** 휴먼 에러 방지에 대한 방법론은 안전보건공단 블로그의 내용(https://blog.naver.com/koshablog)을 기초로 정리했습니다.

때문에 전조가 있다고 합니다. 공구를 잘못된 방법으로 사용하거나, 미끄러져 넘어지거나 떨어지는 사고 등이 이러한 사례입니다. 따라서 동일한 규칙과 유형을 파악해 예측하고 예방하는 조치가 가능하다는 것입니다. 이렇게 전조단계에서 사고를 방지한다는 생각은 하인리히의 이론과도 일 맥상통하는 바가 있습니다.

휴먼 에러는 이를 일으키는 다양한 배후요인으로 Man 사람, Machine 기계, 설비, Media 작업, 환경, Management 관리 등 4개의 M이 제시되고 있습니다. 따라서 휴먼 에러의 배후요인인 4M의 문제점을 제거하는 활동을 통해 휴먼 에러의 통제와 억제가 가능합니다.

첫째, Man 사람에 대해 생리적인 것, 심리적인 것, 작업에 적응 부족, 인간관계 나쁨 등 다양한 문제점을 예측할 수 있습니다. 이러한 문제점 해소를 위해 현장에서 위험 예지 활동, TBM과 같은 작업 전 회의, 지적 호칭, 안전보건교육의 실시와 같은 대응방안이 있습니다. 또한 작업내용 변경 시 교육을 실시하거나 특별교육을 실행할 수 있습니다.

둘째, Machine 기계, 설비의 문제점은 부적절한 기계, 기계 · 설비의 결함, 정비 · 점검의 부족 등이 예측 가능합니다. 이를 위해 기계 · 설비의 적정성 확인, 사용하기 쉽고 안전한 기계 및 설비 사용하기, 정비 및 점검을 충실히 하기 등의 방안이 있습니다.

셋째, Media작업, 환경는 작업자가 일하는 공간이 안전보건 확보가 어려울 정도로 정리되지 않고 위험한 상태가 방치되는 문제점 등이 있을 수 있습니다. 이러한 환경 개선을 위해서 5S 활동*** 등을 실시하고 작업 환경을 개선하여 예방해야 합니다. 또한 작업공정회의를 실시하고 보고 및 상담에 충실히 하는 것도 하나의 대응방안이 될 수 있습니다.

마지막으로 Management관리는 앞서 살펴본 사례처럼 규칙이 지켜지지 않거나 잘못 적용하는 등의 문제점이 예상될 수 있습니다. 이를 해결하기 위해서 가장 먼저 근로자가 규칙 위반을 하지 않도록 주의 깊게 살펴야 합니다. 또한 매뉴얼 및 작업절차서는 현장 실태에 맞게 유지되고 항상 열람할 수 있어야 합니다. 정확한 TBM 실시와 교육훈련을 철저히 하는 것도 대응방안이 될 수 있습니다.

휴먼 에러는 아직 건설현장에 익숙한 용어나 이론은 아닙니다. 하지만 휴먼 에러의 종류나 내용을 보면 현장 어디에서나 쉽게 발견되는 문제점임을 알 수 있습니다. 물론 휴먼 에러의 발생이 모두 재해로 이어지는 것은 아니지만, 작은 휴먼 에러를 시작으로 다양한 위험이 결합되면서 사고

*** 5S 활동은 정리(Seiri), 정돈(Seiton), 청소(Seisoh), 청결(Seiketsu), 습관화(Shitsuke) 활동을 말하는 것으로 일본어를 영문화한 첫 글자를 따서 5S로 명명한 활동을 말합니다. 상세한 활동 내용은 1. 정리: 필요한 것과 불필요한 것을 구분하여 불필요한 것은 과감히 버리는 것, 2. 정돈: 누구나 쉽게 찾을 수 있고 언제나 사용할 수 있게 하는 것, 3. 청소: 먼지, 더러운 이물질 등을 없애고 깨끗하게 하는 것, 4. 청결: 정리, 정돈, 청소를 반복하여 항상 깨끗한 상태를 유지하는 것, 5. 습관화: 정리, 정돈, 청소, 청결을 습관처럼 유지하는 것을 말합니다.

로 이어질 수 있으므로 이에 대한 관심이 시작되어야 합니다. 건설현장에서 목격되는 휴먼 에러가 지금 당장은 큰 위험으로 느껴지지 않을 수 있지만 작은 위험과 사고가 반복되고 누적되면서 큰 사고로 이어지는 상황을 우리는 자주 경험했습니다. 따라서 작은 휴먼 에러가 발견되면 이를 제거하고 최소화하기 위한 노력을 지금부터 시작해야 합니다.

09

안전은 누구 책임?

법적 책임은 누구에게?

건설업에서 일하는 사람들이 종종 물어오는 질문이 있습니다. 안전은 누구의 책임입니까? 이런 질문을 하는 사람들이 궁금한 것은 사고 등으로 문제가 생긴다면 법적 책임을 누구에게 묻게 되고 법에 의한 처벌을 누가 받는지가 궁금한 것으로 생각됩니다. 그리고 이런 질문을 한 사람의 위치가 무엇인가에 따라 궁금한 내용이 좀 더 구체화 될 수 있습니다. 질문자가 안전관리자의 위치에 있다면 현장의 사고 예방 등에 대해 막중한 책임을 느끼고 있는데 실제 문제가 발생한다면 자신이 법적인 책임도 지게 되는 것인지가 궁금한 경우가 많습니다. 반면에 시공을 담당하는 등 산업안전보건법에서 관리감독자의 위치에 있는 사람이라면 주변에서 안전에 대한 책임이 자신에게 있다고 들었는데 실제 그런지 궁금해합니다.

산업안전보건법 내용을 보면서 이야기해 볼까요?

법에서 정한 사업주의 의무를 요약해보면 산업안전보건법 기준 준수, 쾌적한 작업 환경 유지, 근로자에게 안전보건 정보제공 등이 있습니다. 그리고 건설업에서는 현장소장이라고 볼 수 있는 안전보건관리책임자는 산업재해 예방계획 수립, 작업 환경의 점검 및 개선, 안전장치 및 보호구 관리 등을 요구하고 있습니다. 현장에서 공사담당자는 사업장의 생산과 관련되는 업무와 직원을 직접 지휘·감독하는 위치에 있기 때문에 법에서 말하는 관리감독자라고 볼 수 있습니다. 관리감독자는 기계·기구 또는 설비의 안전·보건 점검 및 이상 유무의 확인, 작업장 정리·정돈 및 통로 확보에 대한 확인·감독, 안전·보건관리자 등의 지도·조언에 대한 협조 등을 요구받고 있습니다. 반면에 안전·보건관리자는 기술적인 사항에 관해 사업주 또는 안전보건관리책임자를 보좌하고 관리감독자에게 지도·조언하는 업무를 수행하도록 규정하고 있어 현장소장·공사담당자에 비해 책임이 덜 한 것으로 보이기도 합니다.

이러한 내용을 설명하면 반응 역시 자신의 위치에 따라 다르게 나타납니다. 대다수 현장소장은 자신이 현장의 총괄책임자로서 안전에 대해서도 책임을 지는 일에 대해 큰 거부반응을 보이지는 않습니다. 하지만 관리감독자인 공사담당자는 약간 다른 반응을 보이는 경우가 많습니다. 자신들은 안전뿐만 아니라 공사의 성패를 가를 수 있는 공사 기간, 품질, 원가 등 다른 분야에 대해서도 책임을 지고 있는데 안전까지 감당하라고 하는 것은 무리한 요구가 아니냐는 것입니다. 현장에는 자신들만 일하는 것이 아니고 안전관리자가 배치되어 있으니 안전에 대해서는 안전관리자가 책임져 주는 것이 맞는 것 아니냐는 항변입니다. 물론 예전과 같이 안전을 등한시했던 시기에는 공사 담당에게 어느 정도 안전에 대해 책임을 묻는 것이 필요했겠지만 지금은 안전이 가장 중요하게 취급되는 시기이기 때문에 전문가가 이 부분에 대해 관리해 주는 것이 옳다는 주장입니다.

안전·보건관리자들의 입장은 좀 다릅니다. 현장에서 안전·보건에 대한 관심과 중요도가 높아지긴 했지만 현장에서 자신들이 모든 것을 결정하고 실행할 정도의 위치는 아직 아니라는 입장입니다. 법에서나마 현장의 사고나 재해에 대해 관리감독자들에게 책임을 묻고 있기 때문에 자신들의 지도·조언이 어느 정도 받아들여지는 것이지 만약 이러한 책임 전체가 관리감독자가 아닌 자신들에게 돌아오면 결국 모든 안전·보건 활동에 대한 협조가 이루어지지 않고 무용지물이 될 것이라는 두려움을 갖고 있는 것 같습니다.

이 글은 누가 맞고 누가 틀리는지를 가려내기 위해서 적는 것이 아닙니다. 현장의 운영 주체별 입장에 대해 곰곰이 생각해보면 각자의 위치에 따라 의미와 실제를 강조하는 부분과 축소하는 부분이 있겠지만 대부분의 주장과 설명이 허무맹랑하지 않고 나름대로 일리가 있습니다. 건설업체마다 그리고 현장마다 상황과 여건이 다르기 때문에 어느 것이 맞고 틀리는지를 몇 가지 기준만으로 가르는 것은 불가능합니다.

책임 소재를 지정하는 것이 목적이 아님에도 이 글을 쓰는 이유는 안전에 대한 책임을 따지는 근본적인 목적이 무엇인지 돌아볼 필요가 있다는 생각 때문입니다. 단순히 책임을 회피하고자 하는 목적이 아니라면 현장 참여자들의 이야기는 안전을 포함해 공기, 품질, 원가까지 목표를 달성한 상태로 현장을 마칠 수 있는 가장 효과적이고 효율적인 방법에 대해 나름의 의견을 개진하는 것으로 생각되고, 그런 판단에 각자의 입장이 다르기 때문에 해결책 역시 차이가 발생하는 것으로 이해됩니다. 따라서 법에서 확인되는 문구나 기준을 적용해 옳고 그름을 가르는 것에 몰입하지 말고, 어떻게 하면 참여자가 모두 원하는 성공이라는 이름을 부여받는 현장을 만들 수 있는지에 대한 방법론에 집중하는 것이 더 필요하다는 생각입니다.

성공하는 팀

현장은 물론이고 회사 자체도 하나의 조직, 팀이기 때문에 성공하는 조직, 팀은 어떤 조건이 필요한지 알아보고 이를 우리 조직과 팀에 적용하는 방법을 고민할 것을 제안합니다.

우선 성공하는 팀의 조건을 확인해 볼까요?

첫째는 팀 공통의 명확한 목표입니다. 조직은 공통의 목표를 가지고 같이 움직이는 것이 어찌 보면 당연한 것으로 여겨집니다. 하지만 실상을 들여다보면 그렇지 못한 경우도 발견하게 됩니다. 현장의 공통 목표는 정해진 기간 내에 하자가 없는 품질을 유지하고 이익이 있는 건설물을 만들어내는 것입니다. 여기에 근로자를 비롯한 모든 참여자의 인적 안전보건을 확보하고 재산상의 손실 역시 발생하지 않은 안전한 상태로 마무리하는 것이 공통의 목표일 것입니다. 하지만 일부 건설현장의 분위기를 보면 형식적으로는 하나의 조직, 팀이라 하더라도 공통의 목표를 확인하기 어려운 경우가 있습니다. 현장 조직에서 공사팀과 안전팀 등 각각의 팀이 타 팀을 고려하지 않고, 우리 팀의 업무를 협소한 범위로 한정한 상태로 목표를 설정하고 움직이면, 이 현장은 전체가 하나의 조직이라고 보기 어렵게 됩니다. 따라서 이런 경우에는 융합된 하나의 조직이 아닌 개개인의

합으로만 기능하게 되어 서로 다른 목표를 갖게 됩니다. 하지만 성공의 출발은 조직이 함께 추구하는 목표가 무엇인지 명확하게 설정하고 이해하는 것이며, 공동의 목표는 조직의 방향성, 결속력, 협력을 좌우하는 출발점이 됩니다.

둘째는 유대감과 신뢰를 갖는 것입니다. 유대감은 밀접하게 연결되어 있는 공통의 느낌을 말합니다. 물론 이러한 유대감의 정도는 조직의 크기에 따라 다를 수 있지만 하나로 묶여있다는 소속감은 가질 수 있어야 한다는 의미입니다. 한 현장이라도 다른 업무를 하는 다른 팀이라면 각자의 팀에 대한 소속감과 유대감이 가장 큰 것은 당연합니다. 하지만 소속 팀에 대한 소속감과 유대감이 더 크다고 하더라도 한 현장의 일원이라는 소속감이 없어서는 곤란합니다. 이러한 소속감과 유대감이 부족하면 쉽게 현장의 공통 목표를 잊은 채 작은 단위인 팀이나 개인의 유불리만 따지면서 일이나 타인을 대하게 될 가능성이 높아지고, 이런 풍조가 만연한 조직이 함께 성공을 달성하기는 어렵습니다.

유대감과 신뢰는 의사소통에서 나온다고 합니다. 의사소통을 통해 유대감과 신뢰가 형성되기 위해서는 나를 있는 그대로 드러내도 괜찮다는 안전함이 먼저 보장되어야 합니다. 많은 사람들이 참여하는 조직에서는 다양한 문제가 발생하기 마련입니다. 그렇게 드러난 문제에 대해 학습하고 협력적으로 해결하려는 노력이 필요합니다. 문제가 제기되었을 때 문제의 원인이 된 사람을 찾아내 당사자가 해결하고 책임지도록 떠넘기고 만다면 어느 누구도 솔직하게 문제를 인정하려고 하지 않을 것입니다. 따라서 실수와 문제가 제기되더라도 함께 고민하고 해결하려는 분위기가 형성되어야 더 큰 문제로 진행되기 전에 의사소통이 이루어질 것이고, 이러한 분위기가 유대감과 신뢰를 만들어내는 기초가 될 것입니다.

앞서 살펴본 공사팀과 안전팀의 의견이 갈린 사례에서도 유대감과 신뢰가 높은 현장이었다면 법적으로 누구의 책임인가를 따지기 전에 각 팀의 골칫거리와 어려운 부분을 함께 고민하고 해결하는 노력이 진행되었을 것으로 생각됩니다. 그리고 그런 고민과 노력을 통해 현장 단위의 해결책을 만들었다면 제3자에게 법적 처벌의 대상이 누구인지 문의하는 상황이 발생하지 않았을 것입니다.

세계적인 기업인 구글의 인사팀에서 2012년 '아리스토텔레스'라는 이름의 프로젝트를 시작했습니다. 왜 어떤 팀은 잘 뭉치고 어떤 팀은 와해되는지, 그리고 성공적인 팀 구성의 조건을 알아보기 위해 사내 180개 이상의 팀을 대상으로 2년여간 조사를 진행했습니다. 구글은 팀의 인적 조직에서 좋은 팀들의 공통분모를 찾기 위해 노력했지만 이러한 패턴을 찾을 수 없었다고 합니다. 그들이 내린 결론은 어떤 사람들로 팀을 구성하느냐보다 팀원들이 어떻게 소통하고, 어떻게 과제를 구성하고, 각자의 기여를 어떻게 평가하는지가 더 중요하다는 것이었습니다. 최고의 팀은 똑똑한 개인의 합이 아닌 부족할지라도 서로 소통하려는 노력에 의해 만들어진다는 것이 입증된 결과입니다.

건설현장에서 안전에 대한 책임이 누구에게 있는지를 따져보는 것이 불필요하다는 이야기는 아닙니다. 어느 정도 책임 범위가 정해져야 업무 분장이 가능하고, 이를 바탕으로 현장을 운영하는 방법과 체계를 정할 수 있기 때문입니다. 하지만 누구의 책임인가에만 몰입해 서로 하나의 조직이 되지 못하고 다툼의 원인으로만 작용한다면 성공한 현장이라는 공동의 목표 달성을 기대하기는 어렵습니다. 꾸준하고 원활한 의사소통을 통해 하나의 조직이라는 소속감 속에서 서로의 환경과 조건을 이해하고 신뢰하면서 하나의 목표를 향해 움직일 때 성공한 현장과 조직을 만들 수 있습니다.

10

사전심사와 중대재해법

입찰참가자격 사전심사PQ: Pre-Qualification 제도는 업체의 부실공사를 사전에 방지하기 위해 입찰 전 업체가 공사에 참여할 만한 자격이 있는지 사전에 심사하는 제도입니다. 정부와 지방자치단체 등에서 발주하는 공사 중 시공 상 난이도가 있는 공사의 경우에 미리 시공 경험, 기술능력, 경영상태 및 신인도 등을 종합적으로 평가하여 시공능력이 있는 적격업체만 입찰자격을 부여합니다. 평가기준의 대부분은 업체의 공사능력을 판단하는 것이지만 신인도 항목에 건설업체의 안전관리 능력과 수준을 평가하는 내용도 존재합니다.

평가항목	배점	평가내용
시공 경험	40~45점	동일 종류의 공사실적, 업종실적 등
기술능력평가	41~45점	기술자보유현황, 신기술개발, 준공기한 경과 정도, 기술개발 투자비율 등
시공평가결과	6~10점	시공평가결과 점수
지역·중소기업 참여도	5점, 4점	지역 업체 참여 비율, 중소업체 참여 비율
신인도	+5~-10점	시공 성실성, 하도급, 건설 제재 처분, 녹색기술, 고용개선 등

　　신인도 평가 기준에서 업체의 3년간 사고사망만인율*을 평가하는 항목과 산업안전보건관리비 사용의무의 위반 여부를 판단하는 항목이 안전관리 능력과 수준을 평가하는 항목으로 볼 수 있습니다. 이 중 사고사망만인율을 평가하는 항목은 2019년에 개정된 내용으로 이전에는 환산재해율**을 기준으로 평가해 왔습니다. 하지만 환산재해율을 입찰심사에 반영하는 것에 대해 도입 초기부터 건설업체에서 헌법소원을 제기하는 등 많은 반발이 있었습니다.

　　실제 재해율을 입찰심사에 반영한 이 제도로 인해 여러 부작용이 나타

---

* 　사망만인율은 사망자 수의 1만 배를 전체 근로자 수로 나눈 값으로 산업에 종사하는 근로자 중 산업재해로 사망한 근로자가 어느 정도 되는지 파악할 때 사용하는 지표입니다. 사망자 중 질병 등의 원인이 아닌 사고로 인한 사망자만을 적용해 산정한 결과가 사고사망만인율입니다.
　　사고사망만인율(‰) = (사고사망자 수/상시근로자 수) × 10,000

** 　환산재해율은 개정 전 산업안전보건법에서 정한 기준으로 사망자 1명을 부상재해자 10명으로 환산해 환산재해자 수에 대한 근로자 비율로 업체의 안전관리 수준을 평가할 목적으로 활용된 지표입니다.
　　환산재해율 = (환산재해자 수/상시근로자 수) × 100

났습니다. 가장 대표적인 부작용은 산재 은폐가 늘어난 것입니다. 건설업체는 입찰 시 불이익을 받지 않기 위해서 사고가 발생해도 사고신고나 산업재해보험으로 처리하지 않고 사고를 당한 근로자와 합의를 통해 처리하는 흔히 말하는 공상처리를 통해 산업재해를 은폐하는 관행이 생겼습니다. 그리고 이러한 건설업체의 약점을 알게 된 일부 근로자들이 산재보험 신청을 무기로 합의금을 요구하는 이른바 생계형 사고라는 부정적인 신조어까지 만들어지는 결과로 나타났습니다. 이러한 문제점 때문에 건설업체는 사고를 기준으로 업체의 안전관리 능력을 평가해 입찰심사에 반영하는 방법에 대한 개선을 지속적으로 정부에 요구했습니다. 산재 은폐나 생계형 사고를 유발하는 재해율을 평가에 반영하는 대신 은폐가 불가능한 사고사망자 등을 기준으로 평가지표를 만들자는 의견이었습니다. 10여 년이 지난 2019년 정부에서 업체의 의견을 받아들여 사고사망만인율로 건설업체의 안전관리 능력을 평가해 반영하는 방법으로 제도를 변경했습니다.

그런데 아이러니하게도 아직 많은 건설업체에서 재해율을 기준으로 소속 현장의 안전관리 수준을 평가하고 있습니다. 정부에 대해서는 평가기준과 방식의 불합리함을 주장해 결국 제도 개선을 이뤄냈지만 정작 자신들의 내부 제도는 고치지 않고 불합리하다고 주장한 방식으로 운영하는 것입니다. 결국 제도의 개선을 끌어낸 요구의 정당성을 근본적으로 의심하게 만드는 경우라고 볼 수 있습니다.

중대재해 처벌 등에 관한 법률이하 중대재해법에서도 입찰참가자격 사전심사에서 벌어졌던 유사한 일이 벌어지고 있습니다. 법 시행이 예고된 순간부터 시행된 지금까지 업계와 학계에서 꾸준하게 제기하고 있는 문제점 중 한 가지는 중대재해법이 산업안전 역량 강화가 아닌 경영책임자 처벌에 초점을 맞추고 있고, 개인을 처벌하는 것은 사고 예방에 아무런 도움이 되지 않는다는 것입니다. 오히려 이러한 법 집행은 대표이사와 안전책임자를 분리하는 현상을 만들어내고, 안전과 관련되지 않으려는 대표이사로 인해 투자가 더 위축될 수도 있다는 우려마저 나오고 있는 현실입니다.

중대재해법에서 입찰참가자격 사전심사와 유사한 일이 벌어지고 있다고 이야기한 이유는 아직 많은 업체에서 중대재해가 발생한 현장의 소장이나 관리책임자들을 대상으로 인사상 불이익이나 징계에 처하고 있기 때문입니다. 국가에서 법으로 처벌하는 것과 회사에서 인사상 불이익을 주는 것은 동일한 처벌로 볼 수 있기 때문에 진정으로 회사의 사고를 줄이고 싶다면 주장한 바와 같이 개인에게 불이익을 주는 방식이 아닌 다른 장기적인 효과를 거둘 수 있는 방안을 고민해야 한다고 생각합니다. 물론 중대재해와 같이 대형사고가 발생한 경우에 이에 대해 아무런 책임을 묻지 않을 수는 없다고 하더라도 개인에 대해 불이익을 주는 방식에 집중해 처리하는 것은 다수의 사람들이 지적하는 것처럼 사고 예방을 위한 적절한 조치가 아니기 때문입니다.

처벌이 사고를 예방하는 데 큰 도움이 되지 않는다는 의견에 상당 부분 동의합니다. 하지만 중대재해법이 처음 도입된 시기에는 중대재해와 사고 예방에 관심이 집중되어 다양한 안전활동과 노력들이 이어질 것으로 기대되고, 실제 많은 건설업체에서 중대재해법으로 인해 안전을 대하는 태도가 변한 것도 사실입니다. 하지만 개인을 구속하는 등의 충격요법은 단기간에 어느 정도의 효과를 거둘 수 있지만 장기적으로는 이 또한 어떤 방식으로든 적응하게 될 것이고, 이는 안전보건에 대한 관심이 멀어지는 결과로 나타날 수 있습니다. 그렇기 때문에 장기적인 관점에서 건설업체와 현장에서 안전보건에 대한 높은 관심을 유지하는 방안에 대해 고민이 필요해 보입니다.

건설업체도 사회나 정부에 의견을 개진한 내용에 대한 진정성을 의심받지 않기 위해서는 그 의견대로 회사를 운영하고, 그 결과에 대해 자신 있게 공개해야 할 것으로 생각합니다. 외부에는 여러 이유와 근거를 들어 강하게 요구하는 내용을 정작 회사에는 적용하지 않는 모습을 계속해서 보인다면 자신들의 편의를 위해서 억지 주장을 하는 믿지 못할 존재라는 이미지를 심어줄 수도 있기 때문입니다.

위험표지

등산로의 안전 조치

　주말에 날씨가 좋고, 시간과 체력에 여유가 있으면 즐기는 취미가 등산입니다. 사람이 북적대는 지하철과 버스로 시내를 이동하고 온기를 느끼기 어려운 크고 높은 빌딩에 둘러싸인 길을 걷는 것으로 일상의 대부분 시간을 보내다가 녹색을 내뿜는 나무와 풀이 가득한 한적한 산길을 걷다 보면 나도 모르게 다시 도심 속으로 돌아가 생활할 수 있는 힘을 얻습니다. 등산은 예전부터 인기가 많은 취미였지만 코로나 대유행으로 사회적 거리두기가 일상화되면서 실내에 사람들이 모이는 상황이 꺼려지게 되다 보니 더욱 많은 사람들이 즐기게 되는 것 같습니다. 최근에는 SNS에 등산을 인증하는 사진 올리기가 유행하면서 젊은 산행객들이 점차 늘어나는 추세입니다. 등산은 근육을 튼튼하게 만드는 육체적 장점과 스트레스를 해소하는 심리적 장점을 모두 가진 활동입니다. 이런 장점을 가진 등산이지만 경사가 있는 땅을 오르고 내리는 움직임이 많아 몸을 다칠 위험이 있는 운동입니다. 또 우리나라 산은 등산로에 표면이 매끄러운 바위가 많아 산행 중 미끄러질 위험도 있습니다. 그중에서도 가장 큰 위험은 높은 위치에 있는 넓지 않은 길을 이동할 때와 커다란 암벽 등을 오를 때 미끄러지거나 떨어지는 것입니다. 등산도 건설현장과 마찬가지로 떨어짐이 발생할 경우 치명적인 사고로 이어지기 때문에 이를 막기 위한 여러 조치들을 산행 중에 확인할 수 있습니다.

우선 위에 보이는 사진처럼 안내 또는 경고 표지판이 있습니다. 위험한

부분이 어디이고, 그 위험으로 인해 발생할 수 있는 사고가 어떤 것이 있으니 조심하라는 내용이 적혀 있습니다. 현장에서 진행하는 안전교육과 유사한 효과를 기대하는 것입니다. 이런 표지판의 한계는 아무리 좋은 내용이 담겨있다고 하더라도 사람들이 읽지 않고 지나치면 그만이라는 것입니다. 현장에서 진행하는 교육 역시 마찬가지입니다. 강사가 알찬 내용과 열정을 가지고 강의를 진행한다 하더라도 그 교육 대상들이 귀 기울이지 않는다면 무의미한 시간이 될 수도 있습니다.

좀 더 직접적인 경고표지도 있습니다. 위에 언급했던 표지가 위험한 산길에 대해 미리 안내하는 표지라면 위험 구간에 붙이는 이런 종류의 경고표지는 실제 추락의 위험이 있는 부위에 부착하고 출입을 통제하는 기능을 하고 있습니다.

화면캡처 https://www.ytn.co.kr/_ln/0103_201805071200421447

하지만 이런 경고와 출입금지 표지가 붙어있어도 위험 구간을 아무렇지 않게 드나들고 허용되지 않은 길을 이용하는 등산객들도 심심찮게 볼 수 있습니다. 건설현장도 마찬가지로 출입금지 표지가 분명히 붙어있음에도 이를 눈여겨보지 않거나 무시하고 출입하다 사고가 나는 경우가 있습니다. 가장 많은 사례가 건설장비로 중량물을 양중하는 작업반경 안에 위치한 채 양중과 관련 없는 작업을 진행하다 발생하는 사고입니다. 사고를 예방하기 위해 경고표지를 부착하는 것도 좋지만 가장 효과적이고 바람직한 방법은 위험한 구간에 울타리나 방책 등을 만들어 출입 자체가 불가능하도록 하는 것입니다. 물론 이동이 많은 건설장비 작업 주변에 이런 고정시설을 설치하기는 쉽지 않지만 오랜 시간 동안 사람을 통제해야 하는 구간이 있다면 시설을 설치하는 것이 가장 효과적입니다.

[별표 6] 안전보건표지의 종류와 형태(제38조제1항 관련)(산업안전보건법 시행규칙)

다음은 아래 사진에서 보는 바와 같이 난간이나 울타리 등을 설치해 눈으로 확인이 가능하고, 몸으로도 느낄 수 있도록 하는 조치입니다. 떨어짐 위험이 있는 부분에 접근하지 못하도록 하고, 미끄러짐 등의 실수가 생기더라도 사람이 의지하도록 만들어 떨어짐을 막아주는 것입니다. 건

설현장에 설치된 안전난간만이 아닌 건물의 계단에 설치된 손스침 또는 핸드레일로 불리는 시설도 이런 역할을 위해 설치되는 것입니다. 산에 설치된 굵은 밧줄도 강관 파이프보다는 부족하지만 좁은 길에서는 꽤 든든한 안정감을 주는 시설입니다.

현장에 적용하기 위해

지금까지 살펴본 세 종류의 추락방지 조치 중에 어떤 것이 가장 큰 효과를 발휘하고 안정감을 사람들에게 줄까요? 아이들의 상황을 대입해보면 간단히 답을 구할 수 있습니다. 아이가 커가면서 처음 접하는 사회는 학교입니다. 요즘 학교는 단층인 건물은 거의 없고 대부분 4~5층의 높이로 지어지고 각 층을 오르내리는 계단이 있습니다. 그런데 어떤 학교 건물에 계단 끝부분인 단부에 난간 즉, 손스침핸드레일이 설치되어 있지 않다면 과연 부모들이 그 학교에 안정감을 느끼면서 아이들을 보낼 수 있을까요? 아무리 학교에서 계단의 위험에 대한 교육을 철저히 시키고, 계단에 떨어짐 위험 표지를 꼼꼼하게 붙였다고 하더라도 말입니다. 따라서 세 번째 선택지인 난간이나 울타리가 가장 효과가 좋다는 것에 이의를 제기하는 사람은 없을 것입니다. 그런데도 건설현장에서 이 울타리와 난간 같은 안전시설을 만드는 것이 어려운 이유는 무엇일까 생각해 볼 필요가 있습니다.

첫째는 안전불감증 때문입니다. 우리는 수많은 사고가 안전불감증 때문에 발생했다는 말을 끊임없이 들어왔습니다. 그럼 안전불감증이란 무엇일까요? 사전적 의미로는 위험에 노출되는 것에 대한 가능성이나 발생할 수 있는 안전사고에 대한 의식이 둔해지면서 사고의 위험에 대해 심각하게 생각하지 않는 상태를 말합니다. 안전불감증은 안전과 사고에 대한 무지와 무관심이라는 두 가지 이유로 생긴다고 봅니다.

무지는 말 그대로 어떤 상황이 사고가 발생할 수 있을 만큼 위험하다는 것을 모르는 것입니다. 건설현장에서 볼 수 있는 대표적인 사례는 동바리를 설치하면서 동바리가 견뎌야 하는 무게를 고려하지 않는 것입니다. 아주 극단적인 경우에는 수직 하중을 동바리가 견딜 수 있는지 검토하지 않거나, 수직 하중은 고려했으나 같이 발생하는 수평력에 대해 모르는 경우도 종종 봅니다. 최근에는 건설장비를 많이 사용하는데 장비가 들거나 나를 수 있는 자재의 무게에 대해 크게 고민하지 않는 경우도 많습니다.

무관심은 어느 정도 알고는 있으나 '설마 사고가 나겠어?'라고 안이하게 생각하는 경우입니다. 계단의 예처럼 단부에 난간을 설치하지 않으면 떨어질 위험이 있다는 것은 알지만 '그런 사고는 특별한 경우에 발생하는 것이지 설마 내 현장에서 그런 일이 벌어지겠어?'라고 생각하는 것입니다. 자재 양중을 위한 건설장비를 사용할 때 아우트리거를 제대로 설치하지 않는 대부분의 이유가 이 설마라는 생각 때문입니다.

안전불감증을 없애는 방법은 점검 등의 방법으로 현장의 위험한 상황을 찾아내고 이 상황에서 발생할 수 있는 다양한 사고사례를 전달하는 방

법이 가장 효과적일 것입니다. 여기서 중요한 부분은 현장의 상황에 맞는 사례를 전해야 한다는 것입니다. 현장의 관리자와 근로자 모두 자신의 작업상황과 연결되지 않은 사고사례는 그저 남의 얘기로만 생각하기에 내 현장이 다른 사고사례와 크게 다르지 않다는 것을 인식하도록 만드는 것이 꼭 필요합니다. 그렇지 않은 단순한 사고사례 전달은 오히려 사고에 둔감하게 만드는 정반대의 효과를 낳을 수도 있습니다.

두 번째 이유는 안전시설 설치 등에 들어가는 비용과 시간을 아깝게 생각하는 것입니다. 안전시설을 설치하지 않아도 사고가 발생하지 않는다고 느끼기에 여기에 투입되는 노력이 무의미하다고 생각합니다. 만약 안전시설을 설치하지 않으면 사고가 발생한다고 인식하고 있다면 비용과 시간을 아끼기 위해 사고 발생의 위험을 감수하는 경우는 없습니다. 하지만 시설이 없더라도 사고가 나지는 않을 것이라는 사고가 머릿속에 자리 잡고 있기 때문에 안전에 관한 투자를 최소화합니다. 안전시설을 설치하더라도 외부기관의 점검 등에서 적발되지 않을 정도의 법적 요건을 갖추는 모양새만 유지하는 것입니다. 이런 현장은 안전보건교육 등도 법적 기준을 준수했다는 서류는 존재하지만 그 내용을 보면 아주 형식적으로 운영하는 상황을 확인할 수 있습니다.

마지막으로 안전은 안전관리자와 같은 담당자가 하는 것이지 내 업무는 아니라는 생각입니다. 물론 안전관리자가 현장의 안전수준을 높이기 위한 주 업무를 수행하는 것은 맞지만 모든 것을 안전관리자가 할 수는 없습니다. 대부분의 사고는 작업 중에 발생하는데 작업에 대해 가장 많이 아는 담당자가 안전을 나 몰라라 하고 위험한 방식으로 작업을 진행한다면 언제 사고가 날지 모르는 일입니다. 작업이 진행된 이후에 안전담당자가 작업을 쫓아다니며 위험을 제거하는 조치를 하고, 작업을 안전하게 하도록 수정시키는 방식의 현장관리는 한계가 있고 효과도 떨어지기 때문입니다.

취미생활인 등산을 하기 전에도 우리는 산행에서 사고를 당하지 않기 위해 다양한 등산 장비를 챙기고, 산을 관리하는 사람과 조직은 여러 안내표지나 시설을 설치하는 등의 노력을 합니다. 우리가 생활하는 건물과 주택도 마찬가지로 혹시 벌어질 수 있는 위험 상황에서 사고가 나는 것을 막기 위해 다양한 시설물을 설치합니다. 하다못해 일상에서는 잘 사용하지도 않는 아파트 계단에도 긴급 대피 시 위험을 막기 위해 모든 단부에 난간을 설치합니다. 그런데 가장 위험하다는 건설현장에서 위험을 고려하지 않고, 아무런 시설 등 대책 없이 작업이 진행된다면 사고는 계속 날 것이 뻔합니다. 그리고 전체 산업의 사망사고 중 절반 이상이 건설현장에서 발생하는 현실에서 벗어나기 힘들 것입니다. 지금 당장은 잘 보이지 않을지 몰라도 계속 관심을 두고서 작은 위험이라도 찾고, 발견한 위험을 없애는 노력이 습관화되어야 합니다. 이런 노력이 건설현장은 모든 산업 중에서 가장 사고가 많이 나는 곳이라는 오명에서 벗어나는 출발점이 될 것입니다.

자동차 안전벨트

안전벨트는 언제부터?

2018년 9월 28일부터 승용차가 일반도로를 주행한다 하더라도 앞뒤 좌석에 앉는 모든 사람은 자동차 안전띠벨트를 매야 하는 것으로 법이 바뀌었습니다. 차량 안전벨트를 착용하는 것에 대해 거부감이 없거나 꽤 오래전에 있었던 관련 규칙 등에 익숙하지 않은 분들은 당연한 이야기 아닌가 하는 의문을 가지실 수 있지만 이전에는 당연한 이야기가 아니었습니다. 2018년 이전에는 일반도로에서 운전석과 조수석으로 불리는 앞자리는 안전벨트를 착용하는 것이 의무였지만 뒷좌석은 그렇지 않았다는 이야기입니다. 물론 이 규정은 일반도로를 주행하는 차량에만 해당하는 것으로 고속도로에서는 이전부터 전 좌석 안전벨트 착용 규정이 있었습니다. 하지만 고속도로에 적용된 규정도 오래전부터 있었던 것이 아닙니다. 2016년 6월 1일부터 고속도로에 진입하는 차량의 탑승자는 앉은 좌석에 상관없이 모든 좌석 안전띠를 매도록 했습니다. 한때는 고속버스에서 안전벨트를 매지 않는 사례가 많아서 출발 전에 기사분이 버스 안을 돌면서 승객이 안전벨트를 제대로 착용했는지 검사하기도 했고, 센서를 달아서 안전벨트 착용 여부가 앞 대형 화면에 표시되도록 한 버스도 있었습니다.

이러한 차량 안전벨트에 관한 규정도 시간이 지나고 돌아보면 당연한 것으로 생각되고, 그러한 규정이 늦게 만들어졌다는 것이 오히려 이상하다는 생각이 들지만 당시에는 과한 규제가 아니냐는 의견도 있었던 것이 현실입니다. 건설현장도 유사한 과정을 거치는 경우가 많습니다. 지금은 대부분 건설현장에서 작업자들의 안전모 착용이 당연하게 여겨지는 환경이지만 실제 안전모 쓰는 분위기가 만들어진 것이 그리 오래된 이야기가 아닙니다. 물론 지금도 동네 작은 현장의 작업자들은 여전히 안전모가 아닌 일반 모자를 쓰고 작업을 하는 모습을 심심찮게 볼 수 있는 것이 현실이기도 합니다. 그만큼 평소에 하지 않던 무언가를 새롭게 하도록 만드는 것이 쉽지 않은 일이고, 꽤 오랜 시간이 걸리고 그만큼 공을 들여야 가능한 일입니다. 특히 번거롭고 귀찮은 일이라는 꼬리표를 달고 있는 안전활동과 인식 역시 뿌리내리고 정착하는 데 긴 시간과 많은 노력이 필요한 것 같습니다.

일상과 밀접해 건설업과는 체감하는 정도가 다를 수는 있지만 자동차의 안전벨트가 어떤 과정을 통해 시작되고 정착되었는지 살펴볼까 합니다.

칼 벤츠Karl Benz가 최초의 내연기관 자동차인 모토바겐motorwagen을 발명한 1886년에는 안전벨트가 그다지 필요하지 않았습니다. 왜냐하면 생명이나 부상의 위험이 있을 정도로 자동차의 속도가 빠르지 않았기 때문입니다.

그러다가 자동차 제조기술이 발달하면서 속도가 빨라졌고, 특히 독일에서 제한속도가 없는 아우토반을 만들고, 빠른 속도로 경주를 즐기는 사람들이 늘어나면서 상황이 달라지기 시작했습니다. 경주 도중에 사고가 발생하면 운전자가 차 밖으로 튕겨 나가는 경우가 많았고, 여기에 대처하기 위해 운전자가 자신의 허리와 차체를 끈으로 묶어 고정한 것이 공식적이지 않지만 최초의 차량 안전벨트로 알려져 있습니다. 그리고 1920년대에서 30년대에 시작된 자동차 제조사들의 속도 경쟁이 교통사고 발생률도 급증시키는 결과로 이어지면서 안전에 대한 고민도 시작되었습니다.

1940년대 후반부터 차량에 안전벨트를 장착하는 논의가 시작됐지만 본격적으로 자동차업체에서 안전벨트를 도입해 보급한 시기는 포드 모터 컴퍼니에서 안전벨트를 추가 옵션으로 적극 추천한 1956년으로 보고 있습니다. 이때 안전벨트는 허리 부분을 고정하는 방식인 이점식 안전벨트로 안전성의 문제가 있었습니다. 사고가 발생하면 생명을 잃는 경우는 많이 줄어들었지만 머리나 상반신의 부상이 많이 발생했던 것입니다. 이러한 문제를 해결한 것이 1959년 스웨덴 볼보사가 선보인 삼점식 안전벨트입니다. 현재 사용되는 형태로 상반신도 고정이 가능한 방식인 삼점식 안전벨트는 닐스 볼린Nils Bohlin이란 엔지니어가 비행기에서 사용되는 방식을 적용해 개발한 것으로 볼보는 '사람의 안전을 위한 것이니 특허를 낼수 없다'라며 특허 신청을 포기하고 다른 자동차 회사들에 무료로 기술을 배포해 널리 퍼뜨리는 데 큰 기여를 했습니다.

130년이 넘는 자동차 역사에서 안전벨트가 적용된 시기는 절반에도 미치지 못하지만, 전문가들은 안전벨트가 전 세계에서 100만 명 이상의 목숨을 구했다고 말합니다. 유럽은 안전벨트 착용으로 교통사고 사망률이 40% 넘게 감소하고, 미국 고속도로 교통안전 기관의 통계에 따르면 10년 동안 미국에서 안전벨트가 구한 생명은 5만 명이 넘고 130만 명이 부상을 피했다고 합니다.

뛰어난 효과를 보이는 안전장치이기에 세계 각국에서 안전벨트 장착 의무화를 단행했습니다. 1969년 영국은 모든 좌석의 안전벨트 장착을 법으로 정했고, 장착의 의무화는 전 세계로 퍼져나가면서 1978년에는 우리나라에서도 안전벨트 장착을 의무화했습니다. 이는 차량을 제작해 판매하는 경우에 '안전벨트'라는 안전장치를 부착해야 한다는 것을 의미하고, 차량에 탑승한 사람이 안전벨트를 착용해야 한다는 의무화는 아니었습니다. 1986년에서야 우리나라는 안전벨트 착용 의무화를 시작했지만 제대로 정착되는 데 많은 시간이 필요했습니다. 법이 만들어지긴 했지만 실제로 지키는 사람이 많지 않았습니다. 그럼 우리나라에서 언제부터 안전벨트를 매야 한다는 생각을 사람들이 갖기 시작했을까요?

안전을 자연스럽게 받아들이기

그건 경찰의 대대적인 단속이 시작된 다음부터입니다. 기억하는 분들도 계시겠지만 차량 안전벨트 착용을 유도하기 위해 사거리같이 차량의 통행이 많은 도로에 교통경찰들이 한동안 진을 치고 있었던 적이 있었습니다. 잘 보이지 않는 장소에 자리 잡은 경찰들이 속도를 줄이면서 우회전하는 차량을 집중적으로 단속해 안전벨트를 매지 않은 운전자를 적발해 과태료를 부과하는 장면을 당시에는 심심찮게 목격할 수 있었습니다. 사람들의 행동 변화를 유도하는 다양한 방식이 있는데 이때 사용한 방식은 대상에게 불이익을 주는 방식이었습니다. 사람들이 안전벨트의 중요성을 깨달아서 착용하기 시작했다기보다는 과태료라는 처벌과 불이익을 피하려고 안전벨트 매기라는 행동을 수행한 것입니다. 그 당시 사람들의 인식 수준에서는 안전벨트 착용이라는 자발적인 행동 변화를 기대할 수 없었기 때문에 '딱지 끊기'라는 불이익을 부여하는 방식으로 행동 변화를 끌어내려 했던 것으로 생각합니다. 당시 법이 요구하는 안전벨트 착용의 대상자는 운전자만이고 다른 탑승자들은 착용 대상 자체가 아니었습니다. 하지만 이마저도 제대로 지켜지지 않고, 단속 역시 잘 이루어지지 않았던 모양입니다. 1986년 기사를 보면 홍보 부족 등으로 법이 잘 지켜지지 않고 있다는 기사를 확인할 수 있습니다.

안전벨트 착용을 강화한 시기는 1990년입니다. 이때부터 운전자를

포함해 옆좌석에 탄 탑승자도 안전벨트를 매도록 의무화하기 시작했습니다. 또 고속도로와 자동차전용도로에서는 승차자 전원이 안전벨트를 매도록 규정이 강화되었습니다.

하지만 이때도 우리나라 사회 전반에 형성된 안전 인식이 그리 높지 않은 시기였기 때문에 법 강화에도 불구하고 안전벨트 착용이 당연시되는 분위기는 아니었습니다. 차를 타고 움직이는 도중에 멀리서 교통경찰이 보이거나 단속이 이루어지는 상황이 발견되면 탑승자들이 부랴부랴 안전벨트를 찾아서 매는 광경이 많았고, 단속이 진행되지 않는 곳에서 자발적으로 안전벨트를 착용하는 모습을 찾기는 어려웠던 분위기로 기억합니다. 따라서 단속이 쉽지 않은 고속도로나 자동차전용도로에서 승용차 뒷좌석의 탑승객들이 안전벨트를 고정하고 있는 모습을 찾아보기는 쉽지 않았습니다.

안전벨트에 대한 사람들의 인식은 지속적인 홍보 등으로 점차 개선되었지만 결정적인 계기는 2008년에 발생한 버스사고로 기억합니다. 2008년 5월 7일 고등학교 수학여행 버스가 한라산 인근 도로에서 전복되어 운전사와 학생 2명 등 총 3명이 숨지고, 인솔교사와 학생 2명은 중상을 입고 나머지 학생들도 경상을 입는 큰 사고가 발생한 것이었습니다. 그런데 학생들이 탄 버스가 전복된 사고는 한 해 전인 2007년 5월에도 지리산에서 발생해 중학생 5명이 숨지고 30여 명이 부상을 입는 참사가 있었기 때문에 사람들에게 더 큰 충격으로 다가왔던 것으로 기억합니다. 반면에 2008년 4월 남원에서도 수학여행 버스가 전복되는 사고가 있었습니다. 이 사고는 31명의 학생이 부상을 입었지만 사망자는 물론 중상을 입은 사람조차 한 명도 나오지 않은 사고였습니다. 유사한 사고로 보이지만 가장 큰 차이점은 안전벨트 착용 여부였습니다. 앞서 소개한 두 사고는 안전벨트 착용을 소홀히 해서 사망자와 중상자가 발생하는 결과로 이어졌지만, 남원에서 일어난 사고의 버스에서는 모든 학생이 안전벨트를 착용한 상태여서 학생들의 피해가 크지 않았다는 차이가 있었습니다.

이 사고들 이후부터 특히 수학여행이나 체험학습을 목적으로 학생들이 탑승하는 버스에서는 반드시 안전벨트 착용 여부를 확인하고 출발하는 학교 내부 규정이 정착되는 계기가 되었고, 일반인들에게도 안전벨트의 중요성을 간접적으로 체험하는 기회가 된 것으로 기억합니다.

제천 세명고 수학여행버스 전복…31명 다쳐

人 뉴시스 | ⊙ 입력 2008.04.18 15:53 | ▥ 댓글 0

🖶 ✉ ⟨⟩ ⤳

—   기사 폰트 조절   +

f ⅴ ⓘ ⟨⟩ ✉ ⤳ 🔖

제천 세명고교 학생들을 태운 수학여행버스가 전북 남원에서 전복돼 이 버스에 타고 있던 교사와 학생 31명이 다쳐 병원으로 옮겨졌다.

18일 충북도교육청에 따르면 이날 오전 11시께 학생과 교사 35명을 태우고 남원에서 진안군 마이산으로 이동 중이던 버스가 갑자기 튀어나온 오토바이를 피하려다 농로 옆 논으로 전복됐다.

이 사고로 인솔교사 안모씨와 학생 등 31명이 다쳐 전북대병원과 전주고려병원으로 옮겨져 치료받고 있다.

사고 당시 탑승자 전원이 안전벨트를 착용한 상태여서 큰 부상자는 발생하지 않았다고 도교육청 관계자가 전했다.

이 학교 1학년 학생 347명 등은 지난 16일부터 2박3일 일정으로 남해안 체험학습을 진행하고 있었고, 이날 사고는 마지막 코스인 마이산으로 이동하던 중 좁은 농로를 지나다 발생했다.

http://www.cbinews.co.kr/news/articleView.html?idxno=44906

물론 지금도 안전벨트 착용이 번거롭다거나 불편하다는 이유로 꺼리는 사람들을 종종 봅니다. 하지만 안전벨트 착용을 의무화하기 시작한 1980년대와 비교하면 그 수는 현저하게 줄어든 상태이고, 차에 탑승하고 안전벨트를 매는 것을 당연한 것으로 받아들이는 문화가 만들어졌다고 봅니다. 이러한 결과는 단속 등 불이익을 주는 강압적이고 타율적인 시도만으로 달성된 것이 아니라 캠페인, 홍보 등 다양한 노력이 종합적으로 벌어지면서 이루어낸 성과로 판단됩니다.

자동차의 안전벨트 착용이 정착되는 과정을 참고해 적용하면 건설현장에 안전을 정착시키는 데 도움이 되고 시행착오도 줄일 수 있을 것입니다. 차량의 안전벨트 매기는 단속을 통해 불이익을 주는 방식으로 시작되었습니다. 이 방식은 사람들에게 안전벨트를 인식시키는 계기가 되었지만 자발적인 행동을 유도하는 데는 분명히 한계가 있었습니다. 건설현장의 현 상황을 보면 불이익 주기에 치중하고 있는 단계라고 판단됩니다. 지금 대부분의 건설현장은 작업금지, 현장 퇴출 등 강압적인 통제에 의해 타율적인 행동 변화를 유도하는 안전활동이 주를 이루고 있습니다. 하지만 안전벨트의 사례에서 알 수 있듯이 이 방식은 분명한 한계를 가지고 있습니다. 따라서 불이익을 부여하는 방식과 함께 작업자의 의식 변화를 통한 자율적인 안전활동이 나타날 수 있도록 교육과 현장 분위기 조성이 뒷받침되어야 합니다.

자율적인 안전 행동의 유도를 위해서도 자동차 안전벨트 착용의 사례를 참고할 수 있습니다. 안전벨트 매기가 널리 퍼질 수 있었던 계기는 그러한 행동이 남의 얘기가 아니고 나에게 직접적인 영향을 미치는 일임을 사람들이 느끼게 된 것이 컸습니다. 다양하고 지속적인 홍보와 캠페인을 통해서 나에게도 벌어질 수 있는 일이라는 생각이 퍼지기 시작했고, 수학여행 버스사고를 겪으면서 나와 내 가족의 안전을 지킬 수 있는 일임을 이해해 행동으로 이어진 것입니다. 건설현장의 근로자에게도 사고와 위험이 남의 일이 아니고 내 안전에 영향을 주는 일임을 느끼도록 꾸준한 홍보와 노력이 필요합니다. 지금도 많은 시간을 들여 다양한 교육을 하도록 법으로 규정하고 현장에서 법을 지키고 있지만, 과연 현장에서 진행되는 교육이 근로자가 안전이 나에게 직접적인 일임을 느끼도록 내용이 구성되고 그만큼의 투자가 이루어지고 있는지는 의문입니다. 법 처벌을 피하려고 형식만 맞추고 있는 것은 아닌지 되돌아볼 필요가 있습니다.

　지금 현장 시스템으로 자리 잡고 있는 작업중지, 현장 퇴출 등의 활동을 중지하자는 이야기가 아닙니다. 안전을 무시하는 행동을 통제하고 불이익을 주는 방식이 가지고 있는 장점은 분명합니다. 하지만 그 방식이 가지고 있는 한계가 있기 때문에 근로자가 안전이 나에게 미치는 중요성을 깨닫고 자발적인 행동으로 이어질 수 있는 노력을 함께 진행해야 한다는 의미입니다. 건설현장에서 구축해온 체계적인 시스템, 강력한 규칙과 함께 자발적인 안전 행동이 건설현장의 안전수준을 한 단계 끌어올리는 동력이 되어야 할 시기입니다.

문제해결능력

문제해결능력이 낮은 노동자?

"한국 노동자, 업무의 문제해결 능력 OECD 꼴찌 수준… 이유는?"
2017년 어느 신문에 실린 기사의 제목입니다. 시간이 좀 흘렀지만 사회의
수준과 문화가 몇 년 동안 쉽게 바뀌지 않는다는 특성을 고려하면 지금도
크게 나아지지 않은 문제로 생각되어 되짚어볼까 합니다.

기사의 주 내용은 한국 노동자의 '문제해결 능력'이 경제협력개발기구
OECD 국가 중 하위권으로 나타났다는 것입니다. '문제해결 능력'이란 '해
답이 분명하지 않은 상황에서 문제를 파악하고, 이를 해결하기 위한 인지
적 처리 과정이 수반되는 개인의 역량'이라고 합니다. 하지만 한국 노동

한국 노동자, 업무의 문제해결능력 OECD꼴찌 수준...이유는?

입력 2017.07.03 15:07 박병률 기자

한국 노동자의 '문제해결능력'이 경제협력개발기구(OECD)국가 중 하위권으로 나타났다. '문제해결능력'이란 '해답이 분명하지 않는 상황에서 문제를 파악하고, 이를 해결하기 위한 인지적 처리과정이 수반되는 개인의 역량'으로 미래 직업세계에서는 핵심적 역량이다. 하지만 한국 노동자들은 교육·훈련 기회가 부족하고, 직장 및 업무에서 소통과 협력이 부재하며, 노동시장 이중구조로 인해 이같은 능력을 발휘가 힘든 것으로 분석됐다.

https://www.khan.co.kr/economy/economy-general/article/201707031507001

자들은 세 가지 원인으로 인해 문제해결 능력이 부족하다는 진단입니다. 첫째 원인은 교육 · 훈련 기회 부족, 둘째는 직장 및 업무에서 소통과 협력이 부재, 마지막으로 노동시장 이중구조로 인해 이 같은 능력의 발휘가 힘든 것으로 분석되었다고 기사는 전하고 있습니다.

한국개발연구원KDI 보고서 '한국 성인역량의 현황과 개선 방향: 문제해결 스킬을 중심으로*'에서 밝힌 내용은 한국 근로자16~65세의 문제해결 능력 활용도는 조사 대상 33개국 가운데 29위에 불과했다고 합니다. 이는 OECD 평균치보다 크게 낮으며 한국보다 노동자의 문제해결 능력이 떨어지는 국가는 터키와 일본 정도였다고 소개하고 있습니다. 특히 주목할

---

* 한국 성인역량의 현황과 개선 방향: 문제해결 스킬을 중심으로(Enhancing Korea's Work Competency: Focusing on Problem –Solving Skills), 김용성, KDI 정책포럼, 2017.

만한 부분은 한국 노동자들의 직장 내 능력 활용도인 읽기, 쓰기, 수리, 정보통신기술IT능력 등은 OECD 평균치를 웃돌거나 큰 차이가 없었다는 것입니다.

다시 말하면 능력과 역량은 충분하지만 일자리에서 전문지식을 습득할 기회가 부족하다는 것과 직장 내 교류와 협력이 적은 것이 문제해결 능력을 저하시키는 원인으로 작용하고 있다는 연구결과입니다. 이런 현상의 구체적 사례로 한국 노동자가 '동료나 상급자로부터의 학습을 받은 비율'은 12.1%로 조사 대상 32개국 중 꼴찌였으며, '업무를 통해 학습을 받은 비율'은 9.7%로 역시 최하위였다고 OECD는 밝혔습니다. 또한 KDI는 정규직-비정규직으로 나뉜 노동시장 이중구조로 인해 고용이 불안하거나 열악한 일자리에서는 기업이 문제해결 능력 활용에 필요한 전문지식 습득 및 향상을 위한 교육·훈련을 충분히 제공하기 어렵고, 노동자들도 자신의 역량을 마음껏 펼칠 동기가 낮다고 주장했습니다.

건설현장은?

OECD 조사결과를 그대로 건설업에 적용하는 것이 적합하지 않을 수도 있지만, 건설현장에서 발생한 사고의 내용과 원인을 분석하다 보면 관리자와 근로자의 문제해결 능력이 조금만 더 높았다면 사고를 막거나 피해를 줄일 수 있었을 텐데 하는 생각이 드는 경우가 많습니다. 위험한 상황과 위험이 예상되는 상태에서 관리자와 작업자가 조금만 신경 쓰고 행동을 고쳤다면 벌어지지 않았을 사고가 눈에 보이기 때문입니다. 따라서 문제해결 능력에 대한 조사결과를 건설현장에 적용해 문제점과 대책을 살펴볼까 합니다.

먼저 교육훈련의 기회가 부족하다는 지적에 대해 건설현장도 동일한 문제점이 있을까요? 아마 이 이야기를 들은 대부분의 관계자들은 건설현장만큼은 교육의 기회가 부족하다는 문제점이 해당되지 않는다고 답할 것 같습니다. 작업자가 현장에 들어오는 순간부터 각종 안전보건교육을 받아야 하고, 교육에 소요되는 시간이 어마어마하다고 말입니다. 특히 전문건설업체의 사업주나 팀장들은 작업자에 대한 교육이 많아 작업을 하지 못해 발생하는 인건비는 누가 책임질 거냐며 투덜대는 일이 다반사입니다. 교육이 많기는 많습니다. 현장에서 작업자 교육 기록을 보면 채용 시 교육, 작업내용 변경 시 교육, 물질 안전보건자료 교육, 특별교육 등 이름만 열거해도 종류가 많습니다.

그리고 각 교육마다 세부 대상과 내용이 다른 경우에는 별도의 교육을 해야 하고, 대상 교육이 많다고 하나의 시간에 합쳐서는 안 되고 각각 법으로 정해진 시간을 채워야 하니 시간도 오래 걸립니다. 어떤 현장의 작업자는 다양한 교육 대상에 해당되어 하루 종일 교육으로 시간을 보낸 기록을 본 적도 있습니다. 그런데 이런 상황이 충분한 교육훈련의 증거인지는 의문입니다. 단적으로 하루 종일 교육을 받았다는 작업자에 대한 기록이 과연 사실을 그대로 담고 있는지도 의문이고, 사실이라 하더라도 과연 그 교육이 작업자의 안전보건에 대한 의식을 높이는 데 얼마나 효과적이었는지도 의문입니다. 법으로 규정된 안전보건교육은 다양하지만 실제 건설현장에서 의미 있게 진행되는 교육이 과연 얼마나 되는지를 생각하면 결국 근로자와 관리자에게 안전보건에 대한 지식이 정확하게 전달되지 못하기 때문에 재래형 사고가 반복된다고 볼 수 있습니다. 따라서 위험과 사고에 대한 정확한 지식이 전달되는 교육이 되도록 내실화가 필요해 보입니다.

다음은 소통과 협력의 문제입니다. 소통과 협력의 반대는 엄격한 위계질서에 의한 지시와 갑을관계**가 될 것 같습니다. 갑질***로 불리는 이런

** 계약을 맺을 때, 상대적으로 유리한 지위에 있는 자와 불리한 지위에 있는 자의 관계를 말합니다. 계약서에서 계약 당사자를 '갑'과 '을'로 대신해 표기한 데서 유래된 말로, 일반적으로 '갑'은 유리한 지위에 있는 자를, '을'은 불리한 지위에 있는 자를 나타냅니다.

*** 상대적으로 우위에 있는 자가 상대방에게 오만무례하게 행동하거나 이래라저래라 하며 제멋대로 구는 짓을 말합니다.

관계의 대표적 사건은 땅콩 회항[****]으로 사회적으로 큰 주목을 받고 반향을 일으켰습니다.

위계질서에 의해 움직이는 관계에서 문제해결 능력이 부족한 것은 능동적인 사고와 행동이 아닌 지시에 의해서만 움직이는 경직된 조직과 사람을 양산하기 때문입니다. 땅콩 회항 사건처럼 을의 위치에 있는 사람의 의견과 행위가 아무리 합리적이라고 하더라도 갑의 강압적이고 부당한 요구와 의견만이 적용되고 받아들여지는 환경이 만들어진다면 을은 더 이상 자신의 생각을 제시하거나 발전시킬 의지를 잃게 됩니다. 문제를 해결하려면 원인을 정확히 파악하고 이를 해결하는 다양한 생각이 뒷받침되어야 하는데 지시에 의해서만 움직이기 시작하면 자율적인 생각과 행동이 아닌 지시에 의한 수동적인 행동과 부족한 판단만 남게 될 것입

[****] 2014년 12월 5일 대한항공 오너 일가인 조현아 전 부사장이 이륙 준비 중이던 기내에서 땅콩 제공 서비스를 문제 삼으며 난동을 부리고, 비행기를 되돌려 수석 승무원을 비행기에서 내리도록 만든 사건입니다.

니다. 예전 건설현장은 군대 문화에 비교될 정도로 경직된 조직이었기 때문에 소통과 협력의 문제에 대한 걱정이 있습니다. 원하청 간의 뿌리 깊은 갑을 계약에 따른 동등하지 못한 관계는 물론이고, 관리자와 근로자 간 관계 역시 소통과 협력이라는 관점에서 바라볼 때 올바른 관계가 설정되어 있는지 돌아봐야 합니다. 물론 원청 건설업체와 협력업체 내부 직원들끼리 소통과 협력은 기본적으로 만들어져야 할 부분입니다. 원청업체가 협력업체와, 관리자가 근로자와, 그리고 현장의 의사결정자가 하위 직원과 원활하게 소통하고 협력하지 못한 채 합리적이지 못한 일방적인 지시가 일상화인 환경이라면 자발적인 문제해결을 기대하기는 어렵습니다. 문제해결을 위해 동반성장과 파트너십partnership 등 다양한 이름의 활동이 진행되고 있으므로 이에 대한 과정과 결과를 지켜봐야 할 것 같습니다. 사고 예방과 안전 확보를 위해 조직은 물론 개인의 문제해결 능력 향상은 필수적이기 때문에 소통과 협력은 꾸준한 노력이 필요한 분야입니다.

마지막으로 건설현장은 고용이 불안한 열악한 일자리라는 이미지와 선입견에서 벗어나는 것이 필요합니다. 일반인은 물론이고 건설근로자들에게도 만족도[*****]가 떨어지는 일자리를 제공하는 상황이 반복된다면 문제해결 능력이 높은 근로자가 현장에서 일하기를 바라기는 어렵기 때문

[*****] 2022년 11월 고용노동부에서 발표한 "건설근로자 종합생활 실태조사 결과"를 보면 전반적인 현황을 파악할 수 있습니다. 건설근로자의 1년간 평균 임금소득은 36,797,418원으로 전산업 근로자 평균인 40,240,000원보다 적었습니다. 90.9%의 현장이 화장실을 갖추고 있지만 만족도는 낮게 조사되었고, 샤워실은 34.7%만 갖춰져 작업 환경이 열악한 것으로 나타났습니다.

입니다. 그리고 고용 안정과는 거리가 먼 일용직 근로자에게 위험이라는 문제를 스스로 알아채고 해결하면서 역량을 십분 발휘해 작업을 하라는 요구 자체가 무리한 것일지도 모릅니다. 물론 이러한 환경이 단기간에 쉽게 바뀌기는 어렵겠지만 근본적인 문제임을 모른척해서는 안 된다고 생각합니다. 어떤 방식이든 지금보다는 좀 더 안정적인 일자리를 제공해야 근로자가 자신의 역량을 발휘하기 위해 노력할 것이고, 또 그러한 좋은 일자리에 걸맞은 역량이 높은 근로자들이 모일 것이기 때문입니다. 이러한 환경이 조성되어야 위험에서 벗어나고 사고가 발생하지 않는 건설현장이 만들어질 가능성이 높아질 것입니다.

14

못하다와 안 하다

못하는 것과 안 하는 것의 차이

못하다

동사: 「…을」 어떤 일을 일정한 수준에 못 미치게 하거나, 그 일을 할
능력이 없다.

예 노래를 못하다. 술을 못하다. 말을 못하다.

안 하다(않다)

동사: 「…을」 어떤 행동을 안 하다.

예 그는 말을 않고 떠났다. 꼬마는 세수를 않고 밥을 먹으려고 해 엄
마에게 혼이 났다.

'못하다'와 '안 하다'를 사전에서 설명한 뜻입니다. '못하다'는 수준에 미치지 못하거나, 능력이 없음을 나타내는 말입니다. 어떤 일을 하는 데 의지는 있으나 환경과 능력이 모자라 뜻하는 대로 되지 않을 때 사용하는 단어라고 볼 수 있습니다. 반면에 '안 하다'는 어떤 일을 하는 데 능력과 환경은 마련되어 있으나 의지가 부족하거나 하고 싶지 않을 때 사용하는 단어입니다.

위와 같이 두 단어의 뜻은 능력과 의지라는 기준에 따라 전혀 다른데 우리는 흔히 그 의미를 정확하게 파악하지 않고 혼동해서 사용하는 경우가 많습니다.

안전에서도 능력 등이 없어서 '못하는' 것과 의지가 부족해서 '안 하는' 것은 분명 다른 데도 정확한 뜻을 몰라 틀리게 사용하거나, 일부러 '안 하는' 것을 마치 무언가 부족해서 '못하는' 것처럼 핑계를 대는 경우가 있습니다.

과거 예를 들자면 건설현장에서 작업자에게 안전모를 쓰도록 하는 것조차도 어려웠던 시절이 있었습니다. 현장을 점검하면서 마주치는 당시 작업자들의 이야기는 안전모를 쓰는 것은 '안 하는' 것이 아니고 '못하는' 것이었습니다. 안전모를 착용하면 거추장스러울 뿐만 아니라 땀을 많이 흘리게 되어 눈으로 들어오는 땀으로 인해 시야 확보도 어려워져 오히려 위험한 상황을 맞닥뜨리게 되어 안전하게 작업할 수 없다는 것이 그 이유였습니다. 하지만 지금은 똑같은 형태의 안전모임에도 불구하고 예전에 거론했던 그런 이유 때문에 착용을 거부하는 작업자를 찾아볼 수 없고, 그 이유를 인정받지도 못합니다. '못한다'는 핑계를 댔지만 사실은 '안 한다'가 진짜 이유였기 때문입니다.

개인이 아닌 현장을 운영하는 건설업체에서도 비슷한 사례를 찾을 수 있습니다. 중소규모 현장을 방문해보면 층고가 높아 붕괴의 위험성이 큼에도 불구하고 시스템 동바리가 아닌 일반 강관 동바리를 쌓아올리는 방식*으로 동바리를 조립한 경우를 심심찮게 볼 수 있었습니다.

---

* '2단 치기'라고 불리는 강관 동바리 조립방식으로 법 위반으로 알고 있는 경우가 많은데 안전보건 기준에 관한 규칙에 제시된 동바리 조립방식입니다. 제332조(거푸집 동바리 등의 안전조치) 8호는 파이프 서포트를 3개 이상 이어서 사용하지 않도록 규정해 2개를 이어서 사용하는 방식은 적법합 니다. 다만, 나목에 4개 이상의 볼트 또는 전용철물을 사용해 조립하도록 규정하고 있는데 중간에 각재를 끼워 넣고, 각재 위에 상부 동바리를 세우는 구조적으로 불안전한 방식을 사용하기 때문에 문제가 발생합니다. 또 다목에 수평연결재를 2개 방향으로 만들도록 한 규정도 지키지 않는 경우 가 많아 법을 위반한 가설구조물이자 사고의 원인이 됩니다.

그런 현장에서 소장님들에게 시스템 동바리로 바꿀 것을 조언하면 돌아오는 대답은 거의 유사했습니다. 회사 경영진에서 인정해주지 않는다거나 시스템 동바리를 사용하고 싶어도 임대물량이 워낙 적어서 구할 수가 없다는 이유였습니다. 어떤 소장님은 회사 자재시스템에 시스템 동바리라는 항목 자체가 없어서 사용할 수 없는 여건이라는 핑계를 대는 경우도 있었습니다.

현장에서 못하는 것과 안 하는 것

개인이나 현장에서 안전을 챙기기 어렵다고 둘러대는 이유를 가만히 되짚어보면 사실 '할 수 없는' 경우보다는 대부분이 '하기 싫은' 경우라는 것을 알 수 있습니다. 회사 경영진이 인정해주지 않아 시스템 동바리를 사용할 수 없던 현장은 안전관리자의 이야기를 들어보니 소장님이 회사에 보고하고 승인받는 이런저런 과정이 귀찮게 생각되어 아예 시도조차 하지 않았다고 합니다. 아마도 그런 귀찮은 과정과 함께 시간과 돈이 더 투자되기 때문에 굳이 해야 한다는 생각이 없었던 것 같습니다. 하지만 강관 동바리 사용이 위험한 작업방법으로 지적되어 공사중지의 불이익을 받을 처지가 되자 바로 개선되었습니다. 지금도 이러한 위험한 작업을 개선한다는 데 반대하고 나설 경영진은 없을 거라 생각됩니다. 시스템 동바리 자재를 구할 수 없다는 이유 역시 핑계일 뿐입니다. 지금 우리 건설시장이 가설 자재가 부족해 공사하기가 어려운 경우는 없기 때문입니다.

건설현장에서 안 하는 것을 못하는 것으로 인식하는 또 다른 예를 들어 설명하겠습니다. 2021년 산업재해 사고사망 현황[**]을 보면 건설업 사고사망자 417명 중 떨어짐에 의한 사망자가 절반 이상인 248명 59.5%을 차지하고 있습니다. 그리고 떨어짐 사고의 세부 기인물을 살펴보면 '지붕 공사'에서 발생한 사고사망자가 47명으로 가장 높습니다. 이렇게 지붕 공사에서 떨어짐 사고가 많이 발생하는 이유는 추락을 예방하는 안전조치가 제대로 설치되지 않기 때문으로 생각됩니다.

[**] 2022년 3월 15일 고용노동부에서 발표한 현황을 보면 2021년 전체 산업의 사고사망자는 828명이고, 이 중 건설업의 사망자가 417명(50.4%)으로 절반을 차지했습니다. 건설업 사망사고 중 절반 이상인 248명(59.5%)은 떨어짐이 원인이었습니다. 주요 기인물은 건축·구조물이 가장 많았고, 세부 기인물로 분류하면 지붕 공사 47명(19.7%), 단부·개구부 30명(12.6%), 강관·시스템 비계 16명(6.7%), 달비계 15명(6.3%), 이동식 비계 12명(5.0%) 순이었습니다. 불명예스럽게도 오랜 동안 전체 산업 사망사고자 중 절반 이상을 건설업이 차지해왔고, 그 사망사고자 중 절반 이상이 재래형 재해라고 불리는 떨어짐(추락)이 원인이었습니다. 건설업이 타 산업에 비해 위험한 작업이라는 특성을 고려하더라도 사고의 점유율과 발생 유형은 개선이 필요합니다.

추락방지망을 설치한 철골작업 현장

안전대 부착설비에 안전대를 걸고 작업 중인 노동자

https://www.kosha.or.kr

우리는 쉽게 지붕 공사는 통로와 작업 발판이 필요 없다고 생각합니다. 지붕판이 덮여있는 상태는 물론이고 철골과 같이 뼈대만 조립된 상태의 지붕도 작업자가 이동할 수 있는 통로와 작업에 사용하는 발판을 설치할 필요도 없고, 지붕이라는 장소의 특성으로 설치가 불가능하다고 생각하는 것입니다. 하지만 지붕판으로 사용되는 많은 자재들이 사람이 반복적으로 이동하고 자재를 올려 놓기에 적합할 정도의 강도를 갖지 못하는 경우가 있습니다. 또한 장시간 햇볕과 바람 등 외부에 노출된 지붕판이 풍화 등에 의해 어떻게 성질이 변했는지 확인하기 어려운 것이 현실입니다. 따라서 작업발판 등 별도의 안전조치는 필수입니다.

철골로 조립된 지붕에서 작업이 진행되는 현장에서도 상황은 비슷합니다. 철골에 지붕판을 덮는 작업은 단시간에 빠르게 진행되는데 이런 조건에서 별도의 통로와 발판을 만드는 것은 불가능하다고 이야기합니다. 이런 통로와 발판이 오히려 작업에 걸림돌이 된다는 주장입니다. 하지만 좁은 철골을 밟고 이동과 작업을 하는 것은 이런 행동이 가능한 것이지 안전한 것은 아닙니다. 우리는 이렇게 할 수 없는 것과 하고 싶지 않은 것을 혼동하며 현장을 관리하고 있습니다. 그리고 하고 싶지 않은 것을 할 수 없는 것으로 변명하고 애써 모른 체하는 빈틈에서 사고의 발생 가능성은 높아집니다.

시간을 10년 정도 과거로 돌려 우리가 현장의 안전을 어떻게 관리했는지 돌이켜보면 그 당시 할 수 없다고 생각했던 많은 것들이 지금은 당연시되고 있음을 알 수 있습니다. 만약 시간을 20년으로 더 돌려 생각해보면 머리에 떠오르는 것은 훨씬 더 많아집니다. 이 기억으로 지금의 현장을 볼 필요가 있습니다. 지금 우리가 현장에서 할 수 없다고 판단하고 있는 것들이 무엇인지 정리해 보는 것입니다. 그리고 그 정리된 내용 중에 진짜 할 수 없는 것이 무엇인지 다시 생각해보는 것입니다. 물론 진짜 할 수 없는 것도 회사의 지원이 부족해서 할 수 없는 것인지 아니면 작업자들의 의식이 부족해서 당장은 할 수 없는 것인지 등 이유를 꼼꼼하게 따져 볼 필요가 있습니다. 그렇게 하나하나 분류하다 보면 짧은 시간에 고칠 수 있는 것, 시간을 길게 잡고 조금씩 바꿔나가야 하는 것, 아니면 내 힘만으로는 안 되니 다른 사람들이나 회사의 도움이 필요한 것 등으로 세분화가 가능할 것입니다. 그리고 짧은 시간에 스스로 바꿔나갈 수 있는 것부터 도전해서 만들어가는 시도가 중요합니다. 그렇게 작은 것부터 개선하는 조각들이 쌓이고 맞춰져야 변화를 만들어갈 수 있습니다. 그리고 이런 변화들이 건설업은 전체 사고의 절반 이상을 차지하고, 재래형 사고가 반복되는 위험한 업종이라는 불명예에서 벗어나도록 할 것입니다.

15

안전한 환경 만들기

변하고 있는 삶의 방식

세상이 빠르게 변하고 있다는 것을 느끼게 하는 것 중 하나는 상품을 구매하고 소비하는 방식입니다. 아마존으로 대표되는 온라인 전자상거래가 발달하면서 우리는 다양한 상품을 집안에서 구경하고 구매할 수 있는 세상에서 살고 있습니다. 전자상거래에 대한 실적과 기대가 어느 정도인지는 1,000조 원을 넘어 2,000조 원을 바라보는 아마존의 시가총액을 보면 확인할 수 있습니다. 여기에 코로나 팬데믹이 더해지면서 일반 상품만이 아닌 음식과 같이 전자상거래와 거리가 멀어 보였던 상품까지 비대면 방식인 온라인으로 구매하고 소비하고 있습니다. 통계청에서 제공하는 데이터를 보면 2021년 온라인쇼핑 거래액은 총 192조 8,946억 원이었으며, 이 중 음식배달 거래액은 25조 6,847억 원이었다고 합니다.

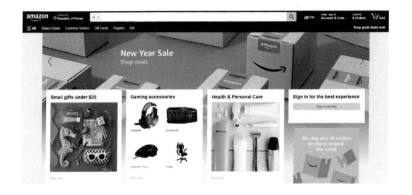

하지만 밝은 곳이 있으면 어두운 곳도 같이 생기는 이치는 예외가 없는 모양입니다. 택배기사가 과로로 인해 사망했다는 내용과 20대 초반의 젊은이들이 오토바이 배달을 하다 사망했다는 기사도 언론을 통해 심심찮게 접할 수 있습니다. 택배와 배달업에 종사하는 근로자들은 안전에 취약한 환경과 처우를 개선하기 위해 플랫폼 기업의 책임과 안전배달제 도입 등 자신들의 안전을 지키기 위한 움직임을 보여주고 있습니다. 일부에서는 자본주의 시장 논리를 내세워 인위적인 통제 등에 대해 반감을 표하기도 하지만, 안전에 있어서만큼은 맹목적인 경쟁을 통한 시장 논리를 적용하는 것은 올바르지 않다는 생각입니다.

시간과 안전

이렇게 예를 들어보겠습니다. 강을 사이에 두고 강 위쪽은 사람들이 사는 동네가 있고, 강 아래는 물류창고가 하나 있습니다. 강을 건너는 방법은 두 가지가 있는데 위험하고 좁은 외나무다리를 건너면 30분이 걸리고, 넓고 튼튼하게 만들어진 다리를 이용하면 1시간이 걸립니다. 택배나 배달 기사들은 어떤 방법을 사용할까요?

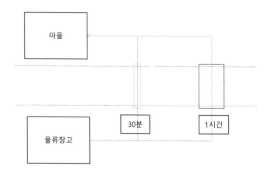

아마 대부분의 사람들이 위험하지만 시간이 덜 걸리는 길을 선택할 것입니다. 튼튼한 다리를 이용하는 것보다 30분을 단축할 수 있다면 두 배의 소득을 올릴 수 있는데 이를 무시하고 안전한 다리를 이용하는 경로를 선택하는 것이 쉬운 일이 아닙니다. 그렇다면 이런 경우에 어떻게 안전을 확보할 수 있을까요? 당연히 외나무다리를 이용하지 못하도록 통제하는 것입니다. 단순히 시장 논리를 따른다는 이유로 택배원들이 외나무다리 위로 이동하는 배달을 용인한다면 그 사회에서 사고가 줄기를 바랄 수는

없습니다.

시간에 쫓겨 위험을 간과하고 일을 진행하다 사고가 발생한 대표적인 사례는 1986년에 발생한 챌린저 우주왕복선 폭발 사고입니다. 처음 발사 예정은 1월 22일이었으나 추가 정비 등 이런저런 사유로 미뤄지던 발사 날이 1월 28일로 결정되었습니다. 하지만 전문가는 날씨가 추워서 안 된다고 반대했으나 NASA는 더 미룰 수 없다는 이유로 챌린저호 발사를 강행합니다. 우렁찬 소리와 강력한 화염을 내뿜으며 하늘 높이 올라가는 모습을 보여준 챌린저호는 발사가 성공한 것으로 보였으나 약 1분이 지났을 때 외부 추진용 로켓 중 하나에 불이 붙으면서 폭발했습니다.

사고 후 조사를 통해 밝혀진 원인은 SRBsolid rocket booster; 고체 연료 추진기의 O-ring고무 재질의 패킹이 얼어 제 기능을 하지 못한 것으로 밝혀졌습니다. SRB 제작에 경험이 많은 기술자는 발사 전 추운 날씨에는 패킹이 얼 수 있으므로 발사를 취소하거나 일정을 조정해달라고 몇 번이나 요청했지만 받아들여지지 않았습니다. 또한 발사 전 O-ring이 팽창하는 다른 문제점이 제기되었지만 발사를 늦출 수 없다는 경영진의 판단에 의해 묵살당하고 맙니다. 위험이 발견되었을 때 충분한 시간을 갖고 이를 정확히 진단하고 문제를 해결했다면 폭발사고로 이어지지 않았을 텐데 미리 정해진 시간에 쫓겨 무리하게 진행한 결과, 11,000 대 1의 경쟁률을 뚫고 최초의 여성 민간인 우주비행사가 된 크리스타 맥콜리프를 포함한 7명의 우주비행사가 모두 사망하는 비극으로 끝나고 말았습니다.

건설현장에서도 공기에 쫓겨 위험을 무릅쓰고 일하다 벌어지는 사고가 많습니다. 건설업 사고의 대부분이 단 하나의 위험이 아닌 복합적인 원인으로 발생하기 때문에 정확한 통계를 제시하기는 어렵지만, 중대한 사고의 절반 이상이 주말이나 야간에 발생하는 것이 이를 방증하는 결과로 볼 수 있을 것 같습니다. 또한 최근 발생한 아파트 붕괴사고의 치명적 원인으로 공기에 쫓긴 시공사가 상부를 지지해야 할 동바리를 서둘러 제거한 것으로 설명하고 있습니다.

건설에서 안전을 확보하기 위해 해결해야 할 가장 근본적인 문제가 부족한 공기라는 인식은 널리 퍼지고 있습니다. 하지만 안전에 문제가 없는 적정 공기를 어떻게 확보할 것인지, 그리고 그런 적정 공기를 어떻게 결정할 것인지 아직은 뚜렷한 방법론과 해결책이 보이지 않습니다. 아직도 법정 근로시간을 전혀 고려하지 않은 채 예정 공기를 산정하고, 터널 공사는 24시간 작업을 전제로 공기를 짜기도 하는 것이 현실입니다. 이렇게 실제 지키기 어려운 공기를 산정하다 보니 준공 일자를 어겼을 때 물어야

하는 지체상금이 두려운 건설업체는 돌관공사*를 진행하거나 위험을 무릅쓰고 작업을 진행하는 상황이 다반사입니다. 하지만 비록 늦은 감은 있지만 산업안전보건법에서 발주자의 의무로 적정 공기를 보장**하도록 하고, 발주기관의 적정 공기 산정 의무화를 위해 인프라를 구축하는 등의 노력이 이제 시작되고 있습니다. 물론 이러한 노력들이 현실화되고 실제 건설현장에 영향을 미칠 때까지 많은 시간이 걸릴 수도 있습니다. 하지만 사고 예방을 위한 적정 공기 산정 및 적용이 미처 현실화되기도 전에 시장 및 자유경쟁 논리를 내세우며 이러한 노력을 무력화시키려는 시도를 경계해야 합니다. 안전은 시장 논리에 의한 무한 경쟁으로는 달성하기 어렵기 때문입니다.

---

* 장비와 인원을 집중적으로 투입하여 빨리 해내는 공사를 말합니다. 이런 돌관공사는 작업상황이 복잡해지고 무리한 작업이 벌어지는 경우가 많아 사고의 위험이 커집니다. 명절 연휴 전에 동바리 붕괴사고가 잦은 이유도 연휴 동안 콘크리트를 양생하는 시간을 벌기 위해 돌관작업을 하고 무리하게 콘크리트를 타설하는 것이 원인인 경우가 많습니다.

** 산업안전보건법 제67조(건설공사 발주자의 산업재해 예방 조치)에서 총공사금액 50억 원 이상인 공사의 발주자는 설계자 및 건설공사를 최초로 도급받은 수급인이 건설현장의 안전을 우선적으로 고려하여 설계·시공 업무를 수행할 수 있도록 적정한 비용과 기간을 계상·설정하도록 정하고 있습니다.

16

금지를 금지하자

해서는 안 되는 수많은 것들

건설현장에서 사고 예방을 위해 다양한 관리방식이 적용되지만 대부분의 방식은 무엇무엇을 하지 말라는 금지입니다. 안전활동의 하나인 점검에서도 잘못된 점을 찾아내는 것이 익숙하고 수월하듯이 작업을 관리하거나 작업자를 대상으로 교육을 진행할 때도 이건 하면 안 되고, 저건 위험하니 금지한다는 방식이 어색하지 않습니다. 하지만 이런 관리방식이 정말 효율적이고 효과를 거둘 수 있는 방식인지 생각해 볼 시기가 되었습니다.

지게차 작업을 하나의 사례로 보겠습니다.

지게차 작업으로 검색해서 확인할 수 있는 작업 중 금지사항을 정리해 보면 다음과 같습니다.

– 무자격자 운전 금지	– 운전자 안전벨트 미착용 금지
– 시야를 가리는 화물 적재 금지	– 용도 외 사용 금지
– 작업반경 내 작업자 위치 금지	– 포크 상승한 채 주행 금지
– 확인하지 않고 후진 금지	– 포크에 사람 탑승 금지
– 안전장치 해체 금지	– 과속 금지

위에 언급한 내용 이외에도 수많은 금지사항을 찾아낼 수 있습니다. 그럼 많은 금지사항들은 어디에서 나온 것일까요? 대부분 과거에 발생했던 사고사례에서 원인으로 밝혀졌던 내용들을 정리한 것입니다. 그렇기 때문에 한 해에도 수백 건 아니 수천 건 이상 발생하는 다양한 사고에 대해

분석하고 사고의 원인을 정리해 현장에 뿌린다면 지게차 사고를 예방하는 적절하고 효과적인 방법이 될 수 있을까 하면 그렇지 않다는 것이 저의 결론입니다. 작업 하나를 진행하는 데 챙겨야 할 금지사항이 수십 건이 된다면 누가 그 내용을 하나하나 확인하고 작업을 할 수 있겠습니까.

해야 할 것에 집중하기

그래서 제안하는 것이 수많은 금지 및 제한사항을 거론하지 말고, 하나의 올바른 작업방법을 제시하고 따르자는 것입니다. 지게차에 관해 이야기하고 있으니 계속 지게차 작업에 대해 정리해 보겠습니다. 우선 작업 전 점검이 필요할 것입니다.

작업 시작 전 점검사항

작업 시작 전에는 지게차의 외관 등 아래의 사항에 대해 점검을 실시한 후 이상이 없는 경우에만 운행해야 한다.

항목	엔진 시동 전	엔진 시동 후, 차 위에서	서행으로
이상 유무	이상 및 정비 유무		
외관	각 부의물·기름의 누설, 헐거움 균열, 급유 등		
타이어	타이어의 공기압, 타이어의 손상, 림의 변형, 휠너트의 헐거움		
방향지시기 및 각 램프	렌즈의 오염, 손상	각 램프의 작동	
미러(후사경)	오염, 손상	뒤쪽의 사영	
차량등록번 번호판	오염, 손상		
경보장치(경적 등)		울리는지의 여부	

항목	엔진 시동 전	엔진 시동 후, 차 위에서	서행으로
각 계기류		각 계기의 작동	
연료		유량	
유압 작동유	유량		
라디에이터	수량, 부동액(동절기)		
엔진	오일링, 오염	이상한 소리, 배기가스 색깔	
클러치	페달의 여유, 클러치의 꺾임		
브레이크	오일량	브레이크 페달의 여유	브레이크의 작동
주차 브레이크		레버의 당김, 작동	
스티어링(핸들링)		핸들의 여유, 덜컥거림	진동, 통제 불능
배터리	액량	배터리 용량계의 용량(배터리 채)	
헤드가드	변형, 균열		
하역장치	마스트체인의 장력, 포크·백레스트의 변형 및 균열, 실린더로크의 헐거움	마스트 작동, 상승, 하강상태	
LPG 공급장치	봄베 장착부의 헐거움 및 손상, 도관 이음새의 헐거움, 가스의 누설		

위에 제시된 작업 시작 전 점검사항은 안전보건공단에서 자료로 배포한 사항입니다. 표의 내용을 보면 물론 틀린 말과 내용은 하나도 없습니다. 그런데 제시된 많은 내용을 작업 전마다 매번 확인해야 한다면 과연 현장에서 안전을 관리해야 하는 직원들이 정확하게 지킬 수 있을까요? 아마도 쉽지 않은 일이 될 것입니다. 그러면 어떻게 해야 현실적인 작업 시작 전 점검이 될 수 있을까요? 점검사항의 중요도에 따라 시기와 방법을 결정하고 진행하는 것입니다. 위 표 내용으로 살펴보면 위험에 결정적인 역할을 하므로 작업 전 매번 확인해야 할 사항들이 눈에 띕니다. 작업 구간의 상태를 확인해야 할 후사경 등이 제대로 부착되고 깨끗하게 관리되

었는지는 꼭 매번 점검해야 할 사항일 것입니다. 그리고 당연히 지게차의 제동장치의 작동 여부라든지 경적, 후진경보음과 같은 경보장치가 제 역할을 하고 있는지도 작업 전 꼭 확인해야 할 사항일 것입니다. 반면에 엔진의 상태나 배터리의 용량 등은 작업 전 매번 확인해야 할 사항이라기보다는 몇 달 간격으로 정기적으로 확인하거나 이상이 발생하면 확인한다고 해도 큰 문제가 없는 사항으로 볼 수 있습니다. 그런데 이 모든 사항을 매 작업 전 확인해야 한다고 강조하고 체크리스트 등을 만들어 기록을 남기도록 한다면 작업 자체가 지연되거나 관련 기록물은 형식적으로 흘러 실효성 없는 절차로만 남게 되는 것입니다.

그런데 막상 건설업체나 현장에 기존의 체크리스트나 안전관리사항을 줄이거나 점검 기간을 늘려 안전활동에 대한 부담을 줄이라는 조언을 하면 이를 받아들이는 데 주저하거나 부정적인 반응을 보이는 경우가 꽤 많습니다. 그 이유는 위험도가 크지 않다고 판단되어 일시적으로 확인하지 않은 상황에서 사고가 발생하면 누가 책임지냐는 것입니다. 지금 우리는 이런 이유로 형식적인 업무가 반복되고 문제점을 뻔히 알고 있음에도 개선되지 못하는 것이 꽤 많은 것 같습니다. 예전부터 산업안전에서 내건 "무재해"라는 단어 하나가 가지게 되는 무게와 영향이 아닐까 싶습니다. 모든 것을 전부 관리해서 사고가 하나도 발생하지 않아야 한다는 이상적인 목표와 무재해가 달성되지 못했을 경우 누군가가 책임을 져야 한다는 기본 전제는 시간이 지났음에도 불구하고 쉽게 바뀌지 않는 것 같습니다.

이제는 "무재해"를 강조해서는 안 됩니다. 무재해는 어디까지나 선언적인 목표이고, 이제는 그 선언적인 목표도 적정하지 않기에 정부에서도 무재해를 목표로 내걸거나 무재해를 이유로 포상을 하지 않습니다. 무재해는 동일한 프로세스와 작업방식이 반복되는 제조업에서도 쉽지 않은 목표이고, 특히 작업 환경과 방법 그리고 작업에 참여하는 인원이 수시로 변경되는 건설현장은 현실적이지 못한 목표로 생각합니다. 따라서 건설현장은 무재해를 목표로 세우기보다는 중대 재해와 같이 사람이나 물질의 피해가 큰 사고가 없는 현장을 목표로 삼는 것이 현실적입니다. 그리고 목표를 달성하기 위해 모든 것을 관리하겠다는 비현실적인 가정이 아닌

큰 사고의 직접 원인이 될 수 있는 위험도 높은 부분을 선별해서 중점 관리하는 체계를 구축하는 것이 현실적이고 효과적인 방법이 될 것입니다.

금지를 강조하는 부정적 관리사항을 열거해 사고 예방체계를 구축하는 방식은 현장 관리자로 하여금 실제 행동으로 이어지게 하는 데 역효과가 생기게 할 수 있습니다. 실제 현장에서 운영할 수 있는 정리되고 긍정적인 올바른 작업방법과 절차를 제시하는 것이 효과적이고 현실성이 있습니다. 그리고 제시된 방법과 절차는 위험도를 고려한 적정한 활동 주기도 함께 제공되어야 할 것입니다. 그리고 "무재해"는 달성을 위한 절대적인 목표가 아니라, 적정한 안전관리가 정착될 때 어느 순간 달성되는 자연적인 결과가 되어야 합니다. 올바른 방법과 절차를 지켰음에도 불구하고 발생하는 사고는 복잡하고 수많은 변수가 존재하는 건설현장에서 당연한 것으로 받아들이고, 사고를 통해 드러난 약점은 보완·개선하는 데 활용하고 누군가를 처벌하는 데 사용하지 않는다는 기본 전제가 필요합니다. 부정적인 금지의 나열에서 긍정적이고 실현가능한 활동 중심의 안전관리로 전환할 때 지속 가능한 안전이 뿌리를 내릴 수 있기 때문입니다.

안전의 체감효과

노력해도 나타나지 않는 결과?

학생들이 공부에 흥미를 느끼기 쉽지 않은 이유 중 하나는 공부에 투자하는 시간과 노력만큼 그 결과를 확인하기 어렵기 때문입니다. 내가 한 시간을 투자해서 공부를 한다면 그 한 시간만큼의 결과를 느껴야 하는데 실제로는 그렇지 않다는 이야기입니다. 공부를 하는 학생은 다음 그래프와 같이 투자하는 공부시간에 비례해서 성적이 오르길 기대합니다. 그래프와 같이 공부에 투자하는 시간만큼 성적이 비례해서 오르게 되면 자연스럽게 재미를 느끼고, 느끼는 재미만큼 학습에 투자하는 시간이 비례해 늘어나게 되는 긍정적인 효과가 반복될 수 있습니다.

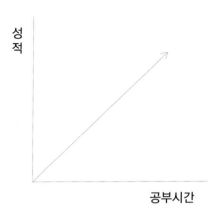

그런데 현실은 그렇지 않습니다. 공부, 즉 학습의 효과는 위 그래프처럼 투자에 비례해 나타나지 않습니다. 일반적으로 학습의 효과는 계단식으로 나타난다고 말합니다. 투자한 시간과 노력이 바로 반영되어 결과가 나타나는 것이 아니라 시간의 지연을 두고, 또 투자한 만큼의 결과가 아니라 기대보다 작은 결과로 나타난다는 것입니다.

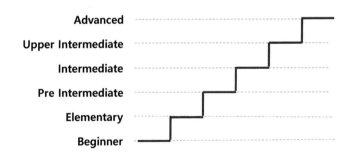

위의 그래프로 설명하면 처음 시작단계에서 다음 초기단계로 상승하

기 위해서 축적의 시간이 필요합니다. 그리고 초기단계에서 중간단계로 오르기 위해서도 이전만큼 또는 그 이상 지식 등이 축적되는 시간과 노력이 다시 요구됩니다. 학습의 결과를 확인하는 데 많은 시간과 노력이 선행되어야 합니다. 이렇다 보니 많은 학생들이 공부를 통해서 자신이 성장하고 있다는 것을 기대만큼 느끼기 어렵고, 그 축적의 시간을 견디지 못하고 학습을 포기하게 되는 현상이 벌어지기도 합니다.

반면에 학생들이 게임에 쉽게 빠지는 이유는 이와 정반대입니다. 게임은 게임에 투자하는 시간과 노력을 즉시 확인할 수 있고, 보상받을 수 있는 시스템으로 구성되어 있습니다. 게임에 한 시간을 투자한다면 그 투자한 시간만큼 게임 내에서 자신의 능력치와 점수 등이 오르는 것을 확인할 수 있습니다. 또한 현금을 투자해서 게임에서 사용하는 아이템을 구입하게 되면 자신이 도달하지 못했던 무언가를 손쉽게 얻을 수도 있습니다. 이렇게 실시간으로 자신이 변화하는 모습을 확인하면서 어느 정도의 시간과 노력을 투자하면 흔히 레벨이라고 불리는 목표를 달성하게 되면서 성취감과 효능감도 만끽할 수 있습니다.

이렇기 때문에 기본적으로 공부보다는 게임에 학생들이 쉽게 몰입할 수 있게 되는 것입니다. 물론 공부보다 게임이 더 흥미진진하고 재미있음은 더 말할 필요도 없습니다.

게임보다는 공부와 비슷한 안전

안전도 이와 비슷합니다. 물론 게임보다는 공부와 비슷하다는 말입니다. 투자하는 시간과 노력을 쉽게 확인할 수 있기보다는 지루하고 어려운 축적의 시간이 지난 다음에야 기대보다 작은 효과를 확인할 수 있는 경우가 대부분입니다. 과거 안전, 즉, 사고 예방을 위해서 벌였던 다양한 이름의 활동들을 되돌아보면 무언가 획기적인 결과를 얻을 수 있는 것으로 홍보되었지만 실제 그런 효과를 즉시 확인할 수 있었는가 하면 그렇지 않았던 것 같습니다. 그럼 그러한 노력이 아무 의미 없는 일이었냐 하면 그렇지는 않습니다.

하나의 활동으로 획기적인 결과를 얻었다기보다는 다양한 노력이 쌓이고 쌓여서 조금씩 축적되어 어느 순간 되돌아보면 달라진 모습들을 확인할 수 있었다는 것입니다. 안전모 착용이라는 현상을 하나의 사례로 이야기해 보겠습니다.

2000년대 초반까지도 건설현장에서 안전담당자가 주로 하는 일은 현장 작업자들을 하나하나 체크하면서 안전모를 씌우는 일이었습니다. 그만큼 안전모를 쓰는 것이 당연하게 받아들여지지 않았던 시절이었습니다. 많은 작업자들이 안전모를 들고 다니기는 했지만 정작 일을 할 때는 옆에 던져놓고 가끔 쉬는 시간에 바닥에 깔고 앉는 용도로 사용하는 경우가 많았습니다.

그런데 언제부턴가 대형 건설사의 현장부터 안전모를 착용하지 않으면 현장 출입을 금지하고, 삼진 아웃제 등을 도입해 안전모를 쓰지 않은 모습이 적발되면 현장에서 퇴출하는 규칙을 만들어 적용하면서 조금씩 분위기가 바뀌기 시작했습니다. 물론 이런 분위기 변화가 쉽게 정착되었다는 말은 아닙니다. 지금 되돌아보면 그런 규칙이 현장과 작업자들에게 당연하게 받아들여지게 된 것은 안전모 착용을 강하게 요구하기 시작한

후 10년 가까이 지나서 자리를 잡은 것 같습니다.

처음에 작업자들에게 안전모를 씌우는 노력이 시작될 때 '우리나라 건설현장에서 이게 되겠어?'라는 부정적인 말을 하는 사람들도 많았습니다. 그리고 그런 노력이 시작된 이후 한참 동안은 그런 부정적인 우려를 증명이라도 하듯이 전혀 나아지는 모습을 확인할 수 없었습니다. 하지만 오랜 시간이 지난 지금 우리나라 건설현장을 돌아보면 노력의 결과가 눈에 보입니다. 대형 건설업체의 현장에서는 이제 안전모 착용이라는 문제를 가지고 안전담당자와 작업자가 다툼을 벌이는 광경을 찾아보기 어렵습니다. 물론 대형 건설업체라고 모두 그런 것은 아닙니다. 안전모 착용이라는 기본적인 안전활동이 정착되고 그렇지 않고를 가르는 기준은 얼마나 꾸준히 노력했는가입니다. 비록 즉각적인 결과를 확인하지 못했다 하더라도 지치지 않고 안전모 착용을 위해 계속 노력해온 건설업체와 현장은 이제 더 이상 그런 문제로 고민하지 않습니다. 하지만 시작하고 얼마 되지 않아 작업자들이 따르지 않는다는 핑계로 관련 활동을 그만두거나 소홀히 한 건설업체와 현장은 여전히 자발적으로 안전모를 착용한 작업자를 찾아보기 어렵습니다.

'강력한 한 방', '명쾌한 해법', '사고 예방을 위한 만병통치약'과 같은 수식어로 꾸며진 여러 안전활동에서 기대만큼의 효과를 얻은 것은 지금까지 경험에 비추어보면 없었습니다. '공부는 머리 좋은 사람이 잘 하는 것이 아니라 엉덩이가 무거운 사람이 잘 하는 것이다. 끈질기고 집요하게 공부하는 사람이 결국 이긴다.'라는 세간의 이야기가 있습니다. 안전도 이 말처럼 획기적으로 잘하는 방법이 있는 것이 아니라 끈질기고 집요하게 꾸준히 해야 결과를 확인할 수 있는 분야인 것 같습니다. 물론 이에 대한 다양한 이견이 있고, 그런 이견 역시 새겨들어야 할 가치가 있을 것입니다. 하지만 그럼에도 불구하고 건설현장의 안전관리는 단기적인 무언가로 승부를 보는 세계가 아닌 것만은 확실합니다. 안전은 축적의 시간이 필요하기 때문에 조급해하지 말고, 새로운 것들을 만들어내는 것에 우선하지 않고, 지치지 않는 꾸준함이 필수입니다.

18

흡연과 안전 문화

특이한 일본 문화

2000년대 초반쯤 일본 출장을 가면 특이하게 생각되는 광경이 하나 있었습니다. 편의점 어디든 많은 사람들이 옹기종기 모여 불이 난 것처럼 커다란 연기를 만들며 담배를 피우는 모습이었습니다. 흡연자 수가 적은 것은 아닌데도 흡연자들은 거리에서 담배를 피우지 않았고, 공간도 좁고 편해 보이지 않았지만 한정된 편의점 옆이나 담배 자판기 근처의 좁은 공간에서만 급하게 담배를 피우고 이동하는 사람들의 분주한 모습이 아직도 기억에 생생합니다. 지금은 우리나라도 길거리에서 담배를 피우는 사람을 찾아보기 어렵지만 2011년에도 논쟁거리*였고 최근에도 다양한 논

---

* [논쟁] 길거리 흡연금지, 어떻게 봐야 하나? 2011.12.23. 한겨레신문에 게재된 사설로 서울시의회

의**가 진행될 정도로 길거리 흡연금지는 아주 오래된 문화는 아닙니다.

당연히 2000년대 초반의 우리 분위기는 길거리 흡연이 낯선 모습은 아니

었기 때문에 이런 일본의 문화가 색다르게 다가왔고 머릿속에 오래 남았

의 '간접흡연 피해방지 조례 일부 개정안'의 상반된 의견을 다뤘습니다. 어린이와 같은 비흡연자의 '간접흡연 피해'를 막기 위해 필요하다는 주장과 개인 사생활에 대한 과도한 침해라는 양쪽의 의견을 실었습니다. https://www.hani.co.kr/arti/opinion/argument/511608.html

** [보행흡연 심각] "앞서가던 남자의 담뱃불이 7세 아들 얼굴에" 2017.5.14. 연합뉴스 기사로 금연구역은 늘어나는 추세이나 보행 중 흡연에 대한 별다른 단속규정이 없어 논란이 되고 있다는 내용입니다. 기사는 길을 걷는 중 앞사람의 담뱃불이 어린아이의 얼굴에 닿은 사례를 소개하면서 모든 것을 법으로 규제하기는 어렵지만 시민의식을 높이는 쪽으로 에티켓 운동을 벌이는 것이 바람직하다는 의견을 제시하고 있습니다. https://www.yna.co.kr/view/AKR20170513062551030

습니다.

그럼 일본은 처음부터 흡연에 대해 제한하고 금지하는 문화였나 하면 그렇지 않습니다. 2000년 이전의 일본은 흡연자의 천국으로 불릴 정도였다고 합니다. 길거리는 물론 웬만한 식당과 호텔 로비에서도 흡연이 가능했다고 합니다. 더 거슬러 올라가면 지하철역에서도 흡연을 하는 경우도 있었고, 그런 사람들에게 항의를 하지도 않았고 당연시하는 분위기였다고 합니다. 그런데 이런 흡연 문화가 저절로 사라졌다기보다는 한 사건을 통해 급격하게 바뀌게 되었습니다.

일본의 흡연 문화를 변화시킨 사건은 도쿄 중심가에서 벌어졌습니다. 담배를 피우는 분들은 잘 아시겠지만 담뱃불을 끌 때 불이 붙어있는 꽁초의 끝부분을 손가락으로 튕겨 떨어뜨려서 불을 끄곤 합니다. 2001년 도쿄에서 길을 걸으며 흡연하던 남성의 담배 불똥이 뒤에서 걷던 어린아이의 눈에 닿아 실명하는 사건이 발생했습니다. 이 사건은 일본 사회에 큰 충격을 주었고, 흡연에 대한 일본인들의 의식을 바꾸는 계기가 되었습니다. 시부야구에서 처음 제정한 조례를 시작으로 다른 지방자치단체에서도 거리 흡연을 금지하는 움직임에 동참했으며 시민들 역시 이 사고를 통해 흡연 문화가 바뀌어야 한다는 공감대가 형성되고 이러한 변화를 적극적으로 따르고 지지했습니다.

안전문화는 안전을 실천하는 의식, 안전을 유도하는 제도, 안전을 가능하게 하는 인프라가 만들어내는 사회적 문화적 산물로 설명[***]됩니다. 안전문화는 위 사례와 같이 하나의 계기를 통해 급격하게 변화하고 받아들여지는 경우도 있지만, 대부분은 지속적인 노력으로 서서히 변화하는 것이 일반적입니다. 속도는 상관없이 이러한 변화에는 의식, 제도, 인프라가 뒤따라야 합니다. 일본의 사례로 설명하면 불행한 사고를 계기로 다수 시민들이 거리에서 담배를 피우면 안 된다는 실천 의식이 단시간에 만들어졌습니다. 그리고 각 지역은 거리에서 흡연을 금지하는 조례를 만들어 제도로 뒷받침했습니다. 마지막으로 거리의 흡연을 금지함과 동시에 흡연자에게 거리가 아닌 편의점 주변 등 지정 공간에서 흡연이 가능한 인프라를 만들어줬기 때문에 거리 금연 문화가 정착된 것으로 생각합니다. 안전문화는 이와 같이 단순한 구호의 나열이 아닌 실질적이고 지속적인 노력을 통해서 정착된다고 볼 수 있습니다.

얼마 전 중국인이 많이 모여 사는 서울의 한 동네 시장을 방문한 적이 있습니다. 우리나라 수도인 서울 행정구역에 속한 동네였지만 간판의 대부분이 한자이고 거리에 진을 친 사람들의 이야기 중 절반 정도는 알아들을 수 없는 중국어로 이루어진, 말 그대로 한국과 중국이 섞여 있는 그런 동네였습니다. 중국어가 더 많은 간판과 대화에서 이국적인 분위기를 느낄 수 있었지만, 그와 더불어 거리에서 볼 수 있는 사람들의 행동에서도

[***] 한국산업안전보건공단에서 설명한 새로운 안전문화 개념을 참고했습니다. https://www.kosha.or.kr/ kosha/business/contBusinessCul01.do

뭔가 다르다는 느낌을 강하게 받았습니다. 특히 담배 피우는 사람들을 많이 볼 수 있었는데 정해진 장소가 아닌 길거리나 가게 앞 등 모든 곳에서 스스럼없이 흡연하는 모습이 다른 시내의 분위기와 달랐습니다. 이런 이국적인 풍경과 더불어 거리를 지나는 아저씨들이 목 안의 가래를 끌어올려 '카악 퉷' 하는 소리와 함께 침을 뱉는 모습은 오랜만에 보는 광경?이었습니다. 그리고 보면 예전에는 거리에서 침을 뱉는 나이 먹은 남성들의 모습을 심심치 않게 볼 수 있었는데 최근에 그런 사람을 본 기억이 없는 것을 보면 우리 사회가 조금씩 그리고 꽤 많이 달라졌다는 생각이 새삼 듭니다. 어쨌거나 그 시장 주변에서 마주친 중국인들의 모습은 과거 수십년 전 우리의 모습을 타임머신을 타고 돌아가 보는 듯 낯설면서도 익숙한 흥미로운 경험이었습니다.

이국적인 모습을 구경하며 길을 걷는데 앞에 승합차가 한 대 서더니 차에서 사람들이 내리기 시작합니다. 승합차에 아무런 글씨가 쓰여 있지 않았고, 그 차에서 내리는 사람들의 옷에도 뭔가 표식이 붙어있지 않았지만 구릿빛 피부에 안전화를 신고 있는 모습에서 건설현장에서 일하는 근로자임을 알 수 있었습니다. 그와 동시에 이런 생각이 떠올랐습니다. 이 거리 곳곳에서 담배를 피우고, 거리를 걸으며 침을 뱉는 이 사람들이 결국 우리 건설현장에서 일하는 근로자들이겠구나 하는 생각이었습니다. 그리고 그들의 익숙한 생활과 문화에 우리가 원하는 안전을 심는 일이 그리 만만한 과정은 아니겠구나 하는 생각이 떠오르면서 갑자기 거대한 유리 벽에 맞닥뜨린 기분이었습니다.

행동이 따르는 문화

안전문화가 정착되면 구성원들은 안전에 대한 지각, 즉 인식이 넓어지고 다른 것보다 안전에 대한 가치를 중요하게 여기게 됩니다. 이렇게 안전에 대한 이해의 폭이 커지고 중요성을 인식한 사람은 자연스럽게 생각과 행동이 안전 중심으로 이루어질 것입니다. 그러면 안전 행동이 무엇인지 조금 더 자세히 설명하겠습니다. 건설현장에서 확인할 수 있는 안전 행동은 안전모, 안전대와 같은 개인 보호구를 착용하고 작업하는 것을 떠올릴 것입니다. 그리고 안전을 유지하기 위해 정해진 작업 절차를 지키는 행동도 대표적인 안전 행동이라고 할 수 있습니다. 이처럼 안전을 위해 지켜야 하는 안전규정과 절차를 따르는 행동은 사고 예방에 중요하고, 이를 '안전준수 행동'이라고 부릅니다. 그런데 사고와 재해를 예방하기 위해서는 단순히 규정을 준수하는 행동 이상이 필요합니다. 아무리 꼼꼼히 안전규정을 정해놓는다 하더라도 건설현장에 존재하는 모든 위험요인에 대해 규정을 만든다는 것은 불가능합니다. 따라서 안전한 작업장을 만들기 위해 보다 적극적인 안전 행동이 필요하고, 이러한 행동들을 '안전참여 행동'이라고 부릅니다. 다음은 안전참여 행동의 예를 보여줍니다. 이러한 행동은 꼭 해야 한다고 요구하는 행동은 아니지만 사고를 예방하고 안전을 지키기 위해 매우 중요한 행동들입니다.

- 신규 근로자에게 안전절차를 알려주는 행동
- 동료들이 개인 보호구를 제대로 착용하지 않았을 때 이를 지적해주

는 행동

- 자기가 맡은 일이 아니더라도 동료가 위험작업을 하면 지켜봐 주는 행동

- 작업장의 위험요소를 적극적으로 찾아 개선을 요청하는 행동

- TBM 등 안전회의에 자발적으로 참여하는 행동

- 안전활동에 적극적으로 참여하는 행동

- 안전하지 않은 작업 지시를 받았을 때 과감히 해당 작업을 거부하는 행동****

**** 안전 행동에 관한 내용은 안전보건공단에서 펴낸 안전문화 길라잡이 1(심리학자와 함께하는 안전문화 첫걸음)을 참고해 정리했습니다.

앞에 나온 내용을 보면 우리의 건설현장에서 전혀 접해보지 못한 내용도 있고, 현장에 따라서 일부 진행하고 있는 부분도 있을 것입니다. 그리고 어떤 내용은 형식은 갖추고 있으나 실제로는 내용이 충실하지 못할 수도 있습니다. 우리가 몸담고 있는 건설현장에 안전문화를 정착시키기 위해서는 현장 근로자의 의식수준을 파악하고 이를 끌어올리기 위한 다양한 방법을 시도하는 것이 필요합니다. 그리고 이를 뒷받침할 수 있는 제도와 분위기를 만드는 것도 중요합니다. 이러한 노력을 통해 안전준수 행동과 안전참여 행동이 늘어날 수 있고, 이러한 행동의 변화가 사고를 예방하는 밑거름이 될 것입니다.

19

비계조립작업

위험해도 사고가 나지 않는 함정

사고는 위험에 대해 관대합니다. 무슨 말인가 하면 위험한 상황이 있다고 해서 바로 그 위험 때문에 사고가 발생하지는 않는다는 말입니다. 사고 발생 후 조사를 해보면 사고의 직접 원인을 찾아내는 것은 어렵지 않고, 사고가 날 만한 위험이 있는 환경이었다는 것을 알 수 있습니다. 하지만 동일한 위험이 있는 장소라고 해서 반드시 그 유형의 사고가 발생하는 것은 아닙니다. 이런 사고의 특성이 사고 예방을 위한 안전활동이 공감을 받거나 효과를 발휘하기 어려운 이유가 되기도 합니다. 만약 위험이 있는 곳에서 반드시 사고가 난다면 사람들은 당연히 위험에 조심하게 되고, 하나의 위험이라도 발견하면 그 위험을 제거하기 위해서 노력할 것입니다.

하지만 위험이 있다고 하더라도 바로 그 위험 때문에 그리고 바로 그 장소에서 사고가 나는 것은 아니어서 '설마 나에게 그런 일이 생기겠어?'라는 생각을 하게 만들어 흔히 말하는 안전 불감증이 생기게 된다고 볼 수도 있습니다.

　　강관으로 쌍줄 비계를 조립하는 모습입니다. 네 명의 작업자가 위아래 한 줄로 위치를 잡고 강관 파이프를 위로 전달하면서 조립을 진행하고 있습니다. 네 명의 작업자 모두 안전대를 고정하지 않은 것은 물론이고, 아래 두 명의 작업자는 발판도 없는 강관 위를 밟고 올라서서 작업을 진행

하고 있는 모습이 보이시나요?

우리는 이 모습을 보면서 당장이라도 사고가 발생할 것 같은 불안한 마음이 생길 것입니다. 하지만 정작 작업자들은 그런 불안을 느낄까요? 만약 그들이 그런 불안을 느낀다면 작업 발판과 안전난간을 설치하는 등 안전한 환경을 만든 상태에서 작업을 시작하고 진행했을 것입니다. 아니면 하다못해 안전대라도 견고하게 고정하는 모습을 보였을 것입니다.

그렇다면 이렇게 위험한 방식으로 작업을 함에도 왜 작업자들은 사고에 대해 무감각한 걸까요? 아마도 그동안 쌓아온 경험 때문일 것입니다. 같은 방식으로 지금까지 많은 비계 조립작업을 했음에도 사고를 경험하지 않았기 때문에 이들은 이러한 상황을 위험하다고 느끼지 못하고, 오히려 당연한 방법으로 생각하고 있을 것입니다. 우리의 예상과는 반대로 이러한 방식으로 일하는 것이 모든 안전조치를 확인하고 진행하는 방식보다 시간과 비용을 줄일 수 있기 때문에 능력 있는 작업팀으로 평가받고 있을지도 모를 일입니다. 작업자들도 둥근 강관 위에서 균형을 잃지 않고 비계를 조립하는 것이 유능한 기술자의 모습이라고 뿌듯함을 느낄 수도 있습니다.

안전하려면 과정이 중요해야

그래서 안전은 결과만으로 평가하는 것이 바람직하지 않습니다. 과정을 돌아보지 않은 채 무재해, 무사고, 사고 Zero와 같은 결과로만 평가하면 위험하고 잘못된 방식으로 좋은 결과를 얻는 것이 마치 옳은 것처럼, 아무런 문제가 없는 것처럼 취급받고 강화될 가능성이 있기 때문입니다. 아무리 비용과 시간을 아끼고, 무사고라는 좋은 결과를 얻은 작업방법으로 보이더라도 그 과정을 살펴볼 필요가 있습니다. 결과가 좋은 작업방법이라도 위험요소와 사고의 위험성이 발견될 수 있고, 그런 경우에는 좀 더 안전한 방식으로 바꿔나가는 의지가 필요합니다.

안전 역시 다른 분야와 마찬가지로 투자가 필요하고 중요합니다. 안전에 대한 투자라고 하면 보통 안전담당 인원을 늘리고, 안전시설설치 등에 소요되는 비용을 늘리는 것을 떠올립니다. 이와 같은 투자도 물론 필요한 부분이지만 좀 더 근본적인 투자가 필요합니다. 공사를 안전하게 진행할 수 있도록 적정한 공기와 비용을 보장하는 것이 중요한 투자입니다.

앞서 본 비계조립을 사례로 생각해볼까요? 예를 들어 어떤 건물의 외부비계를 조립하는데 사진에서 보는 바와 같이 위험한 방식으로 진행하는 작업팀이 공사 입찰에 참여했습니다. 견적을 보니 하루의 시간과 1,000만 원의 공사비를 산정했습니다. 다른 작업팀은 이틀의 시간과 1,500만 원의 견적서를 제출했는데 세부 내용을 보니 안전한 작업을 위해서 앞선 팀과는 다른 계획을 수립했습니다. 작업의 안전 확보를 위해 기준과 절차를 따르는 위험성 평가를 실시하고, 작업 발판과 안전난간 설치는 물론이며 작업자가 위아래로 안전하게 이동할 수 있도록 가설 계단을 확보하는 계획을 수립했습니다. 이 두 팀 중에 우리는 어떤 작업팀에게 공사를 맡겨야 할까요? 또 실제로 어떤 팀이 우리 건설현장에서 작업을 수주하고 환영받을까요?

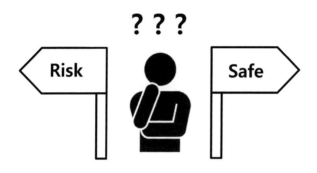

이제 우리는 기꺼이 두 번째 팀을 선택하는 의지를 가져야 합니다. 비록 지금 당장은 하루와 500만 원이라는 추가 시간과 비용을 외면하기 어려울 수 있습니다. 하지만 섣불리 위험을 감수하는 작업팀을 선정했다가는 자칫 하루의 시간과 500만 원의 추가비용이 아닌 그 수십 배 또는 수백 배의 피해가 우리에게 돌아올 수 있기 때문입니다. 100대 종합건설업체를 대상으로 한 연구[*]에서도 이러한 결과를 제시하고 있습니다. 연구에 의하면 현장에서 사망자가 1명 발생할 때 19억8400만 원의 사고 대가[**]가

---

[*] 서울과학기술대학교 안전공학과 연구팀이 국토교통부의 연구용역을 받아 '건설사고 예방비용 및 사고 대가 정량화 연구용역'을 수행한 결과를 참조했습니다. 관련 기사: https://www.koscaj.com/news/articleView.html?idxno=214156

[**] 사고 대가는 사망에 따른 정부의 각종 세금 감소액과 근로자 소득손실액, 삶의 질 저하비용, 산업

손실되는 것으로 산정했습니다. 이 연구에 의하면 공사비를 아끼려고 위험한 작업방식을 선택해 작업하다 사망사고가 발생하면 약 20억 원의 추가비용이 발생한다는 주장입니다. 따라서 사고는 아끼고자 했던 공사비와는 비교가 되지 않을 정도로 막대한 손실로 다가올 수 있습니다. 마찬가지로 공사 기간이 사고로 인해 큰 영향을 받는 것은 연구결과가 아니더라도 확실합니다. 중대 재해가 발생하면 당장 사고가 발생한 작업은 중지가 되고, 이 작업에서 동일한 사고가 발생하지 않는다는 것이 확인되기 전까지 작업이 다시 이루어지기 어렵습니다. 그리고 사고를 일으킨 당시 작업팀을 그대로 다시 투입하기는 어렵기 때문에 새로운 팀을 알아보거나 인원을 다시 구성하는 데 그만큼의 시간이 필요합니다. 건설현장에서 중대 재해를 경험한 분이라면 다들 이해하시겠지만 이런 과정을 거치다 보면 한두 달은 쉽게 지나갑니다.

재해 · 근로자재해보험료 등 보상비용, 합의금, 영업손실 비용 등을 포함한 것을 말합니다. 연구팀은 통계청, 국토부 KISCON, 보험개발원 보험통계 등 국가데이터 기반으로 예방비용 대비 사고 대가의 비율(사고 대가/예방비용)을 계산한 결과, 사고 예방비용으로 투입한 금액보다 사고로 인한 손실비용이 많은 것으로 산정했습니다.

지금 사회가 건설업계에 요구하는 것은 위험을 감수하고 이익을 추구하다 작업자들의 생명을 앗아가는 사고가 빈발하는 집단이 아닙니다. 조금의 손해를 보더라도 안전을 확보하는 조직과 시스템을 갖춰 일하는 동안에는 사람의 생명이 위협받지 않는, 사망사고와 같은 재래형 사고가 반복되지 않는 시대에 맞는 집단입니다. 그리고 지금 당장은 안전에 대한 차이가 두드러지게 나타나지 않을지 몰라도 장기적인 관점에서 안전을 관리하고 사고를 예방할 수 있는 능력이 있는 건설업체가 다른 어느 업체보다도 선호되고 앞서가는 사회로 변할 것은 분명합니다.

위험성 평가

1. 위험성 평가 도입 배경

산업안전보건법^{이하 법}이 제정된 1981년 이후 전체 산업의 재해율은 꾸준히 감소했으나 1997년부터 감소추세가 멈추면서 0.7% 대에서 등락을 거듭하고 있습니다. 건설업도 전체 산업의 경향과 유사하게 높은 수준이던 재해율이 1989년 처음으로 2% 미만으로 떨어졌고, 1998년 1% 미만이 된 이후에는 비슷한 모습을 유지하고 있습니다.

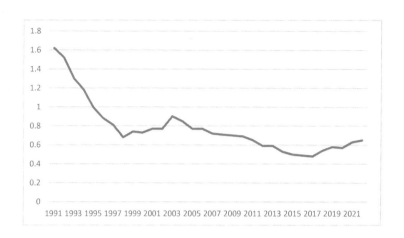

재해율 수치는 나라마다 산정방식이 달라 직접 비교하기 어렵지만, 근로자 만 명당 산업재해 사고사망자 수인 사망만인율을 보면 선진국과 우리나라는 2배 이상의 큰 차이를 보여 우리나라 산업현장이 안전에 얼마나 취약한지 확인할 수 있습니다.

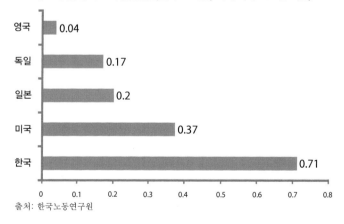

주요국 산재 사고 사망만인율(한국 2013년, 이외 국가 2011년 기준)

출처: 한국노동연구원

이렇게 사망사고가 많고 재해율이 정체된 상황을 타개하기 위한 다양한 대책 중 하나로 사업주의 자율적인 재해 예방 활동을 유도해 사고 예방을 기대하는 패러다임 변화가 시도되었습니다. 자율적 재해 예방 활동 방식으로 위험성 평가 도입을 결정하고 2009년 산업안전보건법 사업주 등의 의무를 개정하여 위험성 평가 실시에 대한 근거를 마련하였으며 2013년 위험성 평가 조항을 만들어 전 사업장에 위험성 평가가 도입되었습니다.

2. 위험성 평가 개요

위험성 평가risk assessment는 작업을 시작하기 전 작업이 진행되는 동안 발생할 수 있는 위험요인을 파악하여 이에 대한 안전대책을 수립하고 실행하여 사고를 예방하고자 하는 절차 및 방법을 말합니다. 고용노동부의 위험성 평가 지침해설서에서 위험성 평가를 '유해·위험요인을 파악하고 해당 유해·위험요인에 의한 부상 또는 질병의 발생 가능성빈도과 중대성강도을 추정·결정하고 감소 대책을 수립하여 실행하는 일련의 과정을 말한다'라고 정의하고, 그 절차를 그림과 같이 소개하고 있습니다.

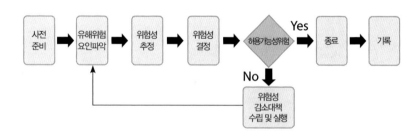

위험성 평가가 도입되고 많은 시간이 지났지만 건설현장의 실태를 살펴보면 이 제도가 효과적이고 효율적으로 정착되고 있는지 의문이 생깁니다. 대형 건설현장에서 실행되고 있는 위험성 평가는 규정과 절차 등에 몰입되어 형식적으로 흘러가는 경향을 보이고, 중소규모 건설현장은 법적 처벌을 피하고자 구색만 갖춰놓거나 위험성 평가가 무엇인지 전혀 알지 못하는 경우도 다반사입니다. 제조업과 달리 위험성 평가 정착에 어려움을 겪고 있는 건설현장에 적용이 어렵지 않은 위험성 평가 실행 방법론을 제안해 볼까 합니다.

3. 건설현장 실행 방법론

안전보건공단에서 제공하는 위험성 평가 절차를 보면 상당히 복잡한 과정을 거쳐야 하는 것으로 느껴질 수 있습니다. 건설현장에서 위험성 평가가 정착되지 못하는 이유 중 하나는 실행의 주체가 되어야 할 관리감독자들이 복잡하고 어렵다고 생각하고 어디서부터 어떻게 해야 할지 첫발조차 내딛지 못하기 때문입니다. 위험성 평가를 가능한 쉽게 설명해 보겠습니다.

(1) 협력업체를 포함하여 작업을 담당하는 관리감독자들이 작업 중 발생 가능한 위험요인 중 관리가 필요한 위험요인을 간소화된 방식으로 결정합니다.

위험성 평가 지침해설서에 의하면 실행계획 등을 수립하는 사전준비부터 사업장에서 관리해야 할 유해위험요인을 선정하는 위험성 결정까지 과정을 제시하고 있습니다. 고정된 위치와 동일한 환경에서 작업이 진행되는 제조업의 경우에는 한 번의 위험성 평가가 특별한 변동이 없는 이상 계속 유지되기에 이러한 방식에 별다른 문제가 없지만, 수시로 작업 환경이 변화하는 건설업은 위와 같은 절차를 다 밟으며 위험성 평가를 진행하기 곤란한 여건이고 다수의 협력업체 역량이 여기에 미치지 못하는 것이 현실입니다. 따라서 복잡한 위험성 추정의 방법은 담당 관리감독자들의 경험에 의한 직관적 선정으로 간소화하는 것이 좋고, 판단 착오와 위험요소 누락 등의 문제점은 지속적인 위험성 평가 실행과정에서 수정·보완하는 방법으로 해결하는 것이 바람직합니다. 위험성 평가의 시작이 복잡할수록 담당자들이 접근의 어려움을 느끼게 되고 위험성 평가는 건설현장에 적용할 수 없는 제도로 남게 될 것입니다.

(2) 선정된 적정한 수의 위험요소에 대해 현장에서 실현 가능한 안전대책을 만듭니다.

이 단계의 중심어는 '적정한 수'와 '실현 가능한'입니다. 건설현장에서 작성한 위험성 평가표를 보면 하나의 작업에 선정된 위험요소가 10여 개에서 많게는 20개가 넘는 경우도 있습니다. 단 하나의 위험요소도 놓치지 않고 발굴하는 것은 좋지만 이를 모두 관리하겠다는 생각은 선택과 집중을 통해 재해 예방을 꾀하는 위험성 평가 취지에도 어긋날뿐더러 실질적이고 원활한 실행을 기대하기도 어렵습니다. 각 업체와 현장의 역량에 따라 차이는 있겠지만 가능한 최소한의 위험요소 선정이 바람직합니다. 그리고 위험성 평가는 협력업체와 함께 진행해야 하고 결과 역시 협의를 거쳐 도출되어야 하는데 그 이유는 현장 작업의 주체는 협력업체이고 안전대책도 협력업체에서 반영해 실행해야 하는 것이기 때문입니다. 원청업체의 일방적 지시는 협력업체의 반발을 불러일으켜 안전대책 불이행은 물론 위험성 평가의 정착에도 걸림돌로 작용할 가능성이 크므로 협의의 과정을 통해 협력업체의 역량에도 무리가 없고 재해 예방 효과도 거둘 수 있는 안전대책을 선정하는 것이 필요합니다. 효과적인 위험성 평가를 위한 다른 조언은 위험요소와 안전대책을 상세하게 서술하라는 것입니다. 아래 위험성 평가표를 비교해 보겠습니다.

서술형 위험성 평가표

위의 표는 건설현장에서 작성된 위험성 평가표 중 하나로 서술 위주로 구성되어 있습니다. 이런 방식으로 구성된 위험성 평가표는 작성자가 아무리 설명을 상세하게 기술한다고 할지라도 어느 부위의 어떤 위험요소인지 정확하게 파악하기 어렵고, 이를 토대로 작업자가 위험요소를 이해하고 안전대책을 실행할 것으로 기대하기 어렵습니다.

반면 시각형 위험성 평가표는 사진으로 구성되어 위험한 위치와 내용을 정확하게 확인할 수 있으며 안전대책 역시 사진이나 그림으로 표현한다면 작업자도 쉽게 이해할 수 있다는 장점을 갖고 있습니다. 모든 위험성 평가표를 시각형으로 작성하기 어려울 수 있지만, 기본적으로 현장소장부터 최종 작업자까지 함께 공유하고 확인 · 실천하는 기초자료인 위험성 평가표는 모두가 이해하기 쉬운 방식으로 작성하고 관리하는 것이 바람직합니다.

시각형 위험성 평가표

하수관로작업 위험성평가표		작성 및 검토			승 인
		협력사	공사	안전	현장소장
현 장 명					
회사명(공팀)					
작성일	2016.11.				
T 위험성평가방법: 위험등급: ★★★ (상), ★★ (중), ★ (하) T 작성자 : _ _ _ (인)					

작업 순서	잠재 위험요소	위험등급	안전대책
1.파일 인발	1.고소 작업시 안전밸트 미착용으로 인한 추락 위험	★★	1.TBM시 안전교육실기요 밸트착용조치
	2.쉬트파일 몰선에의한 비가 올 시 차수 불안정으로 인한 침하 문제	★★	2.추기 적인 확인과 차수 지역 보강 조치
2.쉬트파일 용접	4.추락위험지역 안전난간 미설치	★★★	4.철거후 미설치지역 작업중지하고 즉시설치
3.파쟁 및 버팀설치	5.지지대가 없는 사다리 사용	★★	5.모든 사다리 곧엽 못지지대 설치
4.터파기 및 토공 정리	6.H-BEAM 해체시	★	6.추기적으로 점검 후 청소
5.철근 배근 및 Con'c 타설			

< 작업 상황도 >

•안전난 간 미설치 지역 추락 위험
-작업 중지하고 즉시 안전난간 설치

•지지대없는 사다리 사용
-안전 지지대 설치

•크람셀 작업시 불량한 와이어
-수시로 확인하고 불량한 것들은 새제품으로 교환

•구조물 내부 작업 시 산소 부족으로 인한 위험
-상시 산소 농도 체크와 산소마스크 지급

특기 사항	참여자 명단 (서명)
•.합류식 오수관로 공항철도 구간 작업전 별도 TBM 실시	현장소장: (서명)
•TBM 중 상시로 불량제품 교환 교체 해줄 것을 강조	공사과장: (서명)
	안전관리자: (서명)

(3) 작업별 안전대책 담당자(협력업체 및 원청업체 작업 관리감독자)를 정하고 실행 유무를 지속적으로 관리합니다.

위험성 평가는 한 번의 평가로 끝나는 것이 아니라 Plan 계획 -Do 실행 - Check 점검 -Action 개선의 절차를 반복하는 것입니다. 앞서 설명한 내용이 Plan에 해당한다면 Do는 계획을 실제 작업에 적용하는 것으로 이를 위해 선행될 일은 작업자를 대상으로 선정된 계획에 대한 교육을 진행하는 것으로 법에서 요구하는 근로자교육과 특별교육, TBM 등을 활용할 수 있습니다. 협력업체와 함께 만들어낸 안전한 작업계획을 실제 현장에 구현하기 위해서는 당사자인 작업자가 그 내용을 알아야 하는 것은 당연합니다. 법에서 요구하는 다양한 안전교육을 위험성 평가의 내용으로 채워나간다면 교육의 내실화도 기할 수 있고, 교육준비에 소모되는 시간도 단축할 수 있습니다.

작업이 진행될 때 안전대책이 지켜지는지 점검Check이 필요합니다. 혹 지켜지지 않는다면 그 원인과 문제점을 해결하는 다른 방안, 작업자 유도 방법 등 다양한 보완책을 만들어내야 하고, 이를 가장 잘 해낼 수 있는 사람은 안전관리자가 아닌 작업을 직접 담당하고 통제하는 권한을 가진 관리감독자임은 의심의 여지가 없습니다.

개선Action 역시 법에서 요구하는 안전활동인 작업장 순회점검과 합동 안전점검을 활용해서 해결할 수 있습니다. 그리고 타 공종의 협조가 필요한 내용 등 관리감독자의 권한으로 해결되기 어려운 내용은 산업안전보건위원회, 노사협의체 등을 해결의 통로로 활용하면 유용할 것입니다.

4. 선결과제

건설현장에서 위험성 평가를 용이하게 실행할 수 있는 방법론을 제시했지만, 다음 두 가지 문제점이 선결되어야 형식적이 아닌 작업과 함께 진행되는 실질적인 안전활동을 기대할 수 있습니다.

(1) 현장 조직의 문제점

위험성 평가는 협력업체와 관리감독자가 함께 실행해야 효과를 기대할 수 있는 안전활동입니다. 최근 건설업체는 최소한의 인원을 현장에 배치해 운영하려는 경향을 보이고 있습니다. 특히, 중소건설업체는 공사금액 50억 원 정도 규모의 현장임에도 다른 직원 하나 없이 현장소장만 배치하는 상황도 흔합니다. 이렇게 관리자가 절대적으로 부족한 상황에서 정상적인 관리가 가능할지 의문이 듭니다. 배치된 현장 인원으로 준공일정을 맞추는 것만으로도 힘겨워하는 조직에서 품질이나 안전 등 다른 업무들을 챙겨나가길 기대하는 것은 무리한 요구일 것입니다. 현장에서 적정한 안전활동이 이루어지길 바란다면 그에 걸맞은 조직 구성이 우선되어야 할 것입니다.

(2) 관리감독자의 참여 부족

현장 참여자의 의견을 들어보면 건설현장의 안전업무는 안전관리자가 모두 처리하고 감당하는 것이라는 사고가 일반적입니다. 하지만 위험성 평가를 포함한 모든 안전활동은 작업자부터 현장소장에 이르기까지 모두가 참여하지 않으면 재해 예방이라는 효과를 기대하기 어렵고, 이런 이유로 법에서도 각 직책에 요구되는 업무를 규정하고 있습니다. 특히 위험성 평가는 앞서 설명한 바와 같이 관리감독자의 역할과 책임의식이 성패를 좌우한다고 볼 수 있습니다. 따라서 작업을 지휘하고 관리하는 관리감독자가 적극적으로 참여하지 않는 이상 위험성 평가는 법적 처벌을 피해가기 위해 서류뭉치만 양산하는 제도로 전락할 가능성이 큽니다.

위험성 평가 실수 줄이기

위험성 평가를 이해하기 쉽게 표현하자면 현장에서 벌어지는 작업들에서 사고가 일어날 수 있는 부분들을 찾아 정리하고, 그중에 가장 위험한 부분이 무엇인지 확인하고 위험으로 인해 사고가 발생하지 않도록 관리하는 활동입니다. 위험성 평가에서 중요한 것은 위험을 찾아내는 것과 이에 대한 대책을 만들되 가장 위험한 것을 찾아 우선 관리하는 것입니다. 물론 모든 위험을 관리할 수 있다면 좋겠지만 현실적으로 모든 것을 집중해서 관리하기 어렵기 때문에 사고 발생 가능성과 중대성을 고려해 가장 위험하고 일어날 가능성이 높은 위험부터 관리해서 사고를 방지하자는 것입니다. 건설현장의 위험성 평가에서 흔히 발견되는 실수나 오류 등을 소개해 우리가 진행하는 위험성 평가를 되돌아보는 기회가 되었으면 합니다.

작성일자	2022년	최초 위험성 평가표								관리감독자	안전관리자	현장소장
현장명		①	② 2022.12.31						③			
공종	토목/건축											
단위작업	작업 Flow	위험요인	위험성평가			안전관리대책			잔여위험성평가			비고
			빈도	강도	등급		빈도	강도	등급			
토목/건축 (PC공사)	PC 기둥 ⓐ	· 자재 조립시 부재 전도 및 근로자 협착 위험	2	2	4	· 신호수 교육 이수한 숙련작업자만 작업 실시 및 타워크레	1	2	2			
	PC 기둥/보 설치 작업	· 지게차를 이용하여 PC기둥를 내려놓는 순간 고임목 위치를 조정중인 기술인 순가락 협착	2	1	2	· 위험작업 내 접근금지, 동향보고 /왕충 시 접근 금지교육 실시 · PC기둥용 고임용 여유길이 확보(30cm이상)	2	1	2			
	PC 벽 ⓑ	· PC 벽체 설치 후 전도방지조치 미실시로인한 전도위험	2	2	4	· PC벽체 설치 후 반드시 표품서포트 2개이상 설치 할 것	2	1	2			
	PC 거더/방설지	· 걸침길이 부족으로 인한 자재 낙하위험	3	1	3	· 설치위치 안착 걸침길이 육안 확인 후 줄걸이해체	3	1	3			
	PC 슬라브 설치작업	· 슬라브 걸침 길이 부족으로 인한 부재 낙하로 추락위험	3	1	3	· 슬라브 걸침길이 50mm이상 확보 확인 후 작업 · PC 상부 안전대걸이 설비 사전 설치 확인 후 작업 할 것	3	1	3			
	바닥 및 벽체 방수 작업	· 바탕면정리를 위한 핸드그라인더 사용 시 회전체에 의한 가상 발생 위험	3	1	3	· 핸드그라인더 사용 전 보호커버 착용 철저	3	1	3			
	바닥 및 벽체 방수 작업	· 프라이머 도포 시 유해화학물질 의 의한 호흡기 질환 발생 위험	3	1	3	· 바탕면 정리 작업시 개인보호구(방진마스크)보안경 방진 · 프라이머 도포 작업시 개인보호구(방독마스크)보안경 방진특)착용 철저	3	1	3			
토목/건축	바닥 및 ⓒ	· 방수작업 주변 환기작업 통제미흡으로인한 화재위험	2	1	2	· 난연성 자재료 반입/사용가능여부 사전검토 · 작업구간 11미터 이내 화기작업 통제 철저	2	1	2			

위에 보이는 위험성 평가표는 한 건설현장에서 작성된 내용입니다. 이 표를 사례로 우리가 현장에서 쉽게 실수하는 부분들을 설명하겠습니다.

① 위험요인의 내용에 대해 살펴보겠습니다. 흔한 실수는 위험요인을 작업 중 발생할 수 있는 위험이 아닌 현장의 안전조치 중 미처 실현하지 못한 것이나 부족한 부분을 위험으로 판단하고 표에 정리하는 것입니다. 위 표에서 보면 PC 공사에서 발생할 수 있는 위험으로 PC 부재의 낙하를 많이 언급하고 있습니다. 그런데 부재의 낙하를 위험요인으로 선정한 것이 아니라 걸침길이 부족이라는 현장의 미흡한 시공방법을 위험요인으로 선정하고 있습니다. 어떻게 보면 그게 그거 아니냐고 반문할 수도 있지만 위험에 대처하는 방식이 전혀 달라질 수 있습니다.

위 사례에서 보면 낙하를 예방하기 위해 걸침길이를 확보하면 PC부재 떨어짐 사고가 예방되는 것으로 결론 내릴 수 있습니다. 하지만 자재가 떨어지는 사고가 꼭 걸침길이 부족에 의해서만 발생할까요? 이 위험성 평가에서는 걸침길이 부족이라는 위험에 한정해 대책을 제시하지만, 실제로는 걸침길이 부족만이 아닌 다른 이유로 낙하사고가 발생할 수도 있습니다. 이렇게 현장의 부족한 부분만을 위험요인으로 단정하면 낙하를 발생시킬 수 있는 다른 위험을 찾을 기회를 막는 걸림돌이 될 수도 있습니다.

다른 예를 하나 더 들어볼까요? 현장에 소화기가 배치되지 않은 것을 찾고 위험요인으로 '소화기 미배치로 인한 화재 위험'이라는 위험요인을 선정하고 '소화기 배치'라는 대책을 만들었습니다. 이렇게 보면 별다른 문제가 없는 위험성 평가로 보입니다. 하지만 소화기를 배치하는 활동이 화재 위험을 없앤 것인가 하면 전혀 그렇지 않습니다. 만약 '화재 위험'이라는 위험요인으로 시작했다면 '소화기 배치'가 최종 대책이 아닌 화재가 발생했을 때 피해를 줄이는 보조적인 대책으로 선정될 것입니다. 위치에 따라 인화성 자재가 많고 화재 가능성도 높은 구간이라면 불이 발생할 원인을 제거하는 데 집중할 것이고, 소화기 배치는 보조적인 수단으로 다뤄져야 합니다. 또 대형 화재의 위험이 있다면 이동식 소화기가 아닌 별도의 소화설비를 고려하거나 자재를 다른 곳으로 이동하는 등 다양한 대책을 고민하고 선정할 수 있습니다. 따라서 근본적인 위험을 선정하고 논의가 시작되어야 하고, 우리가 부족한 부분을 위험요인으로 설정하면 부족함은 채울지 모르나 근본적인 위험을 제거하지도 적절한 대책을 마련하지도 못할 수 있습니다.

② 위험성 평가에서 등급을 결정하는 문제입니다.

위험성 평가의 등급은 빈도가능성와 강도중대성를 곱하거나 더하는 등 다양한 방식을 사용합니다. 위 사례에서는 3×3 방식으로 등급을 결정한 것으로 판단됩니다. 그리고 이렇게 결정된 등급을 기준으로 가장 높은 수치 즉, 빈도와 강도가 높은 순으로 우선 대책을 마련해 현장의 안전관리 활동을 진행해 사고를 예방하는 활동이 위험성 평가입니다.

위 위험성 평가표에서 등급 점수가 4인 ⓐ 자재 조립 시 부재 전도 및 근로자 협착 위험, ⓑ PC 벽체 설치 후 전도방지조치 미실시로 인한 전도 위험, ⓒ 방수작업 주변 통제 미흡으로 인한 화재 위험이 중점 관리가 필요한 위험으로 선정되었습니다. 그리고 안전관리대책으로 '신호수 교육

이수한 숙련작업자만 작업실시', 'PC 벽체 설치 후 반드시 프롭 서포트* 2개 이상 설치할 것', '난연성 자재로 반입/사용 가능 여부 사전검토' 등을 선정해 수행할 것을 계획하고 있습니다. 이렇게 계획된 안전대책을 적정하게 수행하면 ②에서 결정된 등급 점수 4점이 ③에서 2점으로 낮아짐으로써 위험을 줄이고 사고를 예방할 수 있을 것으로 판단하고 위험성 평가표를 정리했습니다.

그런데 이 과정에서 두 가지 정도의 상태에 대해 검토가 필요해 보입니다. 우선 등급을 결정할 때 빈도와 강도의 점수가 적정한가에 대한 검토입니다. 사실 빈도 문제는 정답이 없다고 볼 수도 있습니다. 동일한 위험요인이라 하더라도 업체와 현장마다 특징에 따라 상황이 전혀 다를 수도 있기 때문입니다. 예를 들면 어떤 현장에서는 작업자 안전모 착용이 지켜지지 않아 이 문제가 당면과제일 수 있지만, 어떤 현장은 작업자의 개인 보호구 착용은 당연한 것으로 정착되어 아무런 문제가 되지 않을 수도 있기 때문입니다. 따라서 위험요인의 발생 가능성은 조직과 환경의 수준에 따라 천차만별일 수 있습니다. 하지만 강도는 좀 다른 문제입니다.

위에 기술한 위험요인을 보면 PC 기둥 전도와 방수작업 공간의 화재 발생을 강도 부분에서 2점으로 산정하고 있습니다. 3점 척도에서 2점은 중간 강도라는 의미인데 PC 기둥이 넘어지고 현장에 불이 난 상황은 다

---

* 프롭 서포트(prop support)는 PC 부재를 세우고 움직이거나 넘어지지 않도록 고정하는 가설재입니다. 주로 기둥에서 사용되며 기둥과 바닥에 경사지게 설치해 고정합니다.

수의 사망자가 발생할 수 있는 사고인데 중대성을 중간으로 판단하는 것을 합리적이라고 동의하기 어렵습니다. 강도중대성는 사망사고의 위험이 있는 경우에는 최고 등급으로 분류하는 것이 타당할 것입니다. 이런 실수가 많은 사업장에서 반복되기 때문에 위험성 평가 지침에서 위험성을 추정할 경우에는 최악의 상황에서 가장 큰 부상 또는 질병의 중대성을 추정하라고 안내[**] 하고 있습니다.

[중대재해 사례로 알아보는 건설안전] PC 붕괴에 의한 추락사고

지난해 12월 경기 평택시 청북읍 소재 한 물류센터 공사 현장에서 발생한 PC 붕괴 사고 현장의 모습.

#지난해 12월 경기 평택시 청북읍 소재 한 물류센터 공사 현장에서 작업중이던 중국인 근로자 5명이 지상 5층 높이에서 추락했다. 물류센터 5층 자동차 진입 램프 부근에서 천장 상판을 덮는 작업을 하던 이들은 천장에 설치된 콘크리트 골격이 무너지면서 약 10m 아래로 떨어졌다. 이 사고로 A씨(33) 등 3명이 심정지 상태로 병원에 이송됐으나 숨졌고, 2명은 중상을 입었다.

https://www.dnews.co.kr/uhtml/view.jsp?idxno=2021041513 00397990465

[**] 사업장 위험성 평가에 관한 지침(고용노동부 고시 제2020-53호) 제11조(위험성 추정) 제2항 2호에 최악의 상황에서 가장 큰 부상 또는 질병의 중대성을 추정할 것으로 규정하고 있습니다.

다음은 안전관리대책을 수행한 이후에 위험성 등급이 낮아지는 방식에 대해 검토가 필요합니다. ⓑ, ⓒ 위험요인의 최초 위험등급 점수인 4점은 안전관리대책 수행 이후에 2점으로 감소하는 것으로 표에 정리되어 있습니다. 그런데 어떤 부분이 감소하는지 살펴보면 빈도×강도2×2로 산정된 4점에서 강도가 1점으로 줄어들면서 빈도×강도2×1인 2점으로 감소함을 확인할 수 있습니다. 현장에서 안전조치를 한다는 것은 사고가 발생할 가능성을 줄이는 것이 대부분입니다. 위의 사례에서도 서포트를 설치하고, 작업 구간을 통제하는 것은 사고의 발생 가능성을 줄이기 위한 조치입니다. 하지만 이런 조치에도 불구하고 자재가 넘어지고 화재가 발생하면 그로 인한 피해가 줄어드는 것은 아닙니다. 따라서 위험등급이 낮아지는 것은 빈도가 줄어들기 때문이지 강도가 낮아지기 때문은 아니라는 말입니다. 물론 강도를 줄이는 방법도 있기는 합니다. 추락 방망을 설치한다거나 작업자가 개인 보호구를 착용하는 활동은 사고의 발생을 줄이는 것이 아닌 사고로 인한 피해를 줄이기 위한 활동이기 때문에 이 경우에는 강도가 줄어들 여지는 있습니다. 하지만 건설현장의 안전활동은 위험요인의 사고 발생 가능성을 줄이는 것이 대부분이므로 위험성 평가를 할 때 이를 고려해야 하고, 이와 더불어 강도를 작게 하는 활동이 병행되도록 계획하는 것이 바람직합니다.

위험성 평가 이전의 재해 예방은 발생한 사고의 원인을 조사하고, 이에 대한 재발방지대책을 수립해 현장에 적용하는 것이 기본적인 접근방식이었습니다. 하지만 타 현장의 사례가 내 현장과 일치하는 않는다는 생각과 유사한 사례가 있다고 하더라도 내 현장의 이야기가 아니라는 생각 때문에 안전관리에 도움이 되는 데 한계가 있었습니다.

사고 사례?   위험성 평가?

따라서 타 현장의 사고사례가 아닌 내 현장의 위험을 찾아내서 유해위험요인을 제거하고 낮추는 위험성 평가를 통해서 사고를 예방하는 활동을 하자는 것이 기본적인 취지입니다. 그러나 안타깝게도 위험을 찾아내고 대책을 만들어내는 과정을 어렵게 느껴 위험성 평가가 정착되지 못하는 현장이 많은 것이 현실입니다. 위험성 평가 과정과 내용을 처음부터 완벽하게 해내겠다는 생각이 오히려 현장에서 위험성 평가가 자리 잡는데 걸림돌로 작용하는 것 같습니다. 처음에는 쉬운 방식과 내용으로 시작하고, 이에 대한 많은 경험과 시행착오를 거치면서 부족한 내용을 보완해 나간다면 진행 과정에도 익숙해지고 내용도 충실해지면서 사고 예방에 도움이 되는 안전활동의 기법으로 정착될 것입니다.

구조적 안정성

구조물이 무너지는 사고

건설공사에서 발생하는 대형사고는 대부분 붕괴 즉 구조물이 무너지는 형태의 사고가 많습니다. 다리를 만드는 교량 작업 중 무너지기도 하고, 콘크리트 타설 작업 중 가설물인 동바리가 상부 무게를 견디지 못하고 붕괴해 커다란 인명피해를 내기도 합니다.

최근 건설현장 사고 중 구조적 안정성을 확보하지 못해 일어난 사고를 정리해 보면, 2022년 1월 구미의 한 아파트 건설현장에서 높이 5.7m, 길이 약 30m의 거푸집이 강풍에 의해 무너져 내리는 사고가 발생했습니다.

같은 해 1월에는 광주 주상복합아파트 건설현장에서 39층 콘크리트 타설 중 슬래브가 붕괴하면서 23~38층 내부가 무너져 6명의 작업자가 사망한 채 발견되는 대형사고가 있었습니다.

2021년 12월에는 양주 광역철도 건설현장에서 굴착작업 중이던 토사가 무너져 작업자가 깔려 사망한 사고가 발생했고, 같은 해 9월에는 광주 재개발 현장에서 철거 중이던 건물이 도로변으로 무너져 현장 작업자가 아닌 사고현장을 지나던 버스 승객 9명이 숨지고 8명이 부상하는 끔찍한 사고가 발생하기도 했습니다.

이와 같이 안전은 구조적 안정성 확보가 매우 중요하고, 이것이 기본이 되어야 다수의 피해자가 발생하는 대형사고를 막을 수 있습니다. 하지만 구조물의 안정성에 관한 문제는 건설현장에서 근무한다 하더라도 일반 직원들이 판단하고 확인하기는 어렵고, 구조에 관한 전문적인 지식을 가진 사람들이 아니면 접근하기 어려운 영역이기 때문에 관리가 쉽지 않습니다. 그렇다면 안전담당자는 구조적인 문제에 대해 손을 놓고 있어도 괜찮을까요? 그렇지 않습니다. 현장에는 대형사고와 직결되는 안전만이 아니라 비록 작은 부분이지만 작업자의 생명과 건강을 지킬 수 있는 작은 구조적 안정성에 관한 문제도 있기 때문입니다. 그렇다면 안전담당자로서 확인하고 점검할 수 있는 구조적 안정성에 대해 몇 가지 사례를 통해서 알아보겠습니다.

현장에서 확인할 수 있는 구조 안전

첫째로 비계에 관해 살펴보겠습니다. 산업안전보건기준에 관한 규칙 제60조강관 비계의 구조에 비계 기둥 간의 적재하중은 400kg을 초과하지 않도록 하라는 규정이 있습니다. 이 규정의 400kg 이하를 지키기 위해서는 어떻게 작업을 진행해야 할까요? 외부마감 시 비계 위에서 많이 이루어지는 조적 작업을 대입해 생각해보겠습니다.

조적 작업을 하려면 기본적으로 기공 1명과 조공 1명이 있어야 합니다. 이 두 작업자의 몸무게를 한 사람당 약 80kg이라고 본다면 400-160=240의 간단한 수식에 의해 작업발판 적재의 무게 여유인 240kg을 확인할 수 있습니다. 다음은 조적 작업에 사용되는 모르타르를 고려하면 시멘트 두 포대 사용 시 40kg 두 포대인 80kg과 모르타르 배합비에 따라 다르겠지만 혼합에 사용되는 물과 모래의 무게까지 합쳐서 200kg이라고 가정해 보겠습니다. 그러면 240-200=40kg으로 작업발판 하중의 여유가 남습니다. 40kg의 여유 무게에 일반적으로 사용되는 시멘트 벽돌의 무게 약 2kg을 적용하면 20장 정도의 벽돌만 적재해야 한다는 계산 결과가 나옵니다.

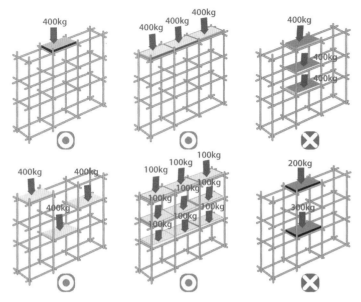

https://why-not-now.tistory.com/entry/가설공사-시스템비계-설치기준-및-구성-요소-해설-시공-시-유의사항-등

위 계산방식은 작업방식과 현장의 상황마다 다를 것이고, 현장에서 사용하는 비계의 조립상태 등에 따라 차이는 있을 수 있습니다. 그래도 위와 같은 계산과정을 소개하는 이유는 단순하지만 이런 과정을 거쳐 우리 현장에서 이루어지는 작업에 대해 간단하게라도 안정성을 검토해야 합니다. 비계 위에서 벌어지는 작업상황을 그냥 대충 보고 지나갈 것이 아니라 단순한 수식으로 구조적 안정성을 확보하고 있는지 확인함으로써 막대한 피해가 생길 수 있는 붕괴사고를 막을 수 있기 때문입니다.

비슷한 환경이지만 기준이 다른 이동식 비계도 한 번 검토해 보겠습니다. 다시 산업안전보건기준에 관한 규칙으로 돌아가면 이동식 비계 작업 발판의 최대 적재하중은 250kg을 초과하지 않도록 규정하고 있습니다. 강관 비계와 동일하게 조적 작업을 적용해 보겠습니다. 우선 이동식 비계는 기공과 조공 작업자 2명이 작업 발판에 올라가기에는 발판의 크기가 좁고, 여유 적재하중도 250-160=90kg으로 자재를 적재하기에 무리가 있으므로 기공 작업자만 비계에 위치하는 것으로 계산해보는 것이 바람직해 보입니다. 그러면 발판은 170kg의 자재 적재가 가능해지고 이를 바탕으로 작업계획을 수립하고, 실제 작업이 적정 하중 내에서 이루어지는지 확인하는 과정을 거친다면 안전한 작업관리가 가능할 것입니다.

이번엔 곤돌라 작업으로 설명하겠습니다. 곤돌라 작업은 비계 작업보다 더 까다롭게 안정성을 확인할 필요가 있습니다. 비계도 작업이 이루어지는 높이에 따라 위험성의 크기가 달라지지만 곤돌라는 대부분 외벽작업에 사용되기 때문에 구조적 안정성에 문제가 생긴다는 것은 작업자가 사망하는 대형사고로 이어질 가능성이 높기 때문입니다. 그리고 실제 이러한 사고가 심심찮게 발생합니다.

곤돌라는 법으로 적재하중을 규정하는 것이 아니라 각 기종마다 별도의 적재하중에 적합한지 인증을 받습니다. 따라서 사용하는 곤돌라의 허용된 적재하중을 확인하는 것이 우선입니다. 간혹 곤돌라를 사용하는 현장에서 작업자는 물론 안전담당자도 자신들이 사용하는 곤돌라의 허용 적재하중이 얼마인지도 모르는 상태에서 예전 방식대로 작업을 진행하면 문제가 없을 거라고 생각하는 경우도 있어 깜짝 놀라기도 합니다.

일단 곤돌라의 허용 적재하중을 300kg으로 가정해 생각해보겠습니다. 곤돌라는 한 사람만의 작업자가 올라 작업하는 경우는 많지 않습니다. 두 명이 작업을 진행한다면 앞선 방식대로 300-160=140kg이라는 여유 하중을 구할 수 있습니다. 그런데 현장에서 곤돌라를 주로 사용하는 작업은 외벽 돌 공사나 유리 공사가 많습니다. 이 두 자재의 특징은 크기에 비해 무게가 많이 나간다는 것입니다. 크기와 종류에 따라 무게는 천차만별이 겠지만 제조사 등에서 제시한 개략적인 계산방법에 따르면 24mm 복층 유리로 가로 세로가 1m와 1.5m인 경우에 약 50kg 정도인 것으로 확인됩니다. 따라서 가정한 곤돌라에는 유리 두 판이 최대로 적재할 수 있는 양

으로 세 판을 싣는 순간 안전에 큰 문제가 발생할 수 있습니다.

곤돌라 작업에서 고려해야 할 또 다른 안정성 확인 사항은 무게를 얼마나 균등하게 싣느냐 하는 것입니다. 곤돌라는 두 줄의 와이어에 발판을 지지해 움직이는 형태입니다. 따라서 하중을 가능한 두 와이어에 균등하게 분배되도록 하는 것이 구조적으로 가장 안정적입니다. 하지만 실제 작업에서는 자재를 한 곳에 적재하고 나머지 공간에서 작업을 진행하는 것이 편하기 때문에 이런 구조적 특징과 상관없이 자재를 한쪽 구석에 적재하는 경우가 많아 허용하중보다 작은 무게를 실었지만 위험해지는 경우도 있고 이런 이유로 사고가 발생하기도 합니다. 이와 같이 작은 부분이지만 구조적 안정성을 이해하고 실제 작업을 관리하고 확인한다면 붕괴라는 무서운 대형사고를 예방할 수 있습니다.

구조적 안전과 심리적 안정

안전과 안정의 차이

사전에서 두 단어를 찾아보면 안전安全은 위험이 생기거나 사고가 날 염려가 없는 상태를 말하며, 안정安靜은 육체적 또는 정신적으로 편안하고 고요함을 뜻합니다. 따라서 건설현장에 이 단어들을 대입해 쉽게 설명해 보자면 구조적 안전은 건설물이나 가설물이 기울어지거나 무너지는 위험이 생기거나 벌어질 염려가 없는 상태를 말하고, 심리적 안정은 건설현장의 소장이나 관리감독자 등 참여자들이 심리적으로 편안하고 고요함을 가질 수 있는 상황이라고 할 수 있습니다.

건설현장에서 구조적 안전과 심리적 안정을 모두 확보하는 상황이 가장 바람직할 것입니다. 하지만 오해에 의해서 아니면 공사비용 등 주변 환경과 여건 때문에 그렇지 못한 경우가 있습니다. 또는 흔히 안전불감증이라 불리는 무관심에 기인한 경우도 있습니다. 몇 가지 사례를 통해 그런 상황을 이해하고, 우리 주변에는 유사한 상황이 벌어지고 있는 것은 아닌지 돌아보는 기회가 되었으면 합니다.

위 사진은 슬래브 하부에 동바리를 설치하지 않는 무지주공법을 적용한 현장에 보 거푸집형틀을 설치하는 모습을 찍은 사진입니다. 무지주공법은 슬래브 하중을 지지하는 동바리를 설치하지 않기 때문에 보 옆판과 보 밑 동바리 등에서 하중을 분담해야 하는 구조입니다. 따라서 현장에서는 보 옆판에 사진과 같이 각재를 잘라 경사지게 설치하는 등의 방법으로 보강하기도 합니다. 그런데 이런 보강이 실제 콘크리트 타설 작업이 진행

될 때 구조적 안전을 지켜줄 수 있을지는 좀 따져 볼 문제입니다. 하지만 시각적으로는 무언가 보강이 되어있다는 것을 눈으로 확인할 수 있기 때문에 심리적 안정을 가질 수는 있을 것입니다.

이와 유사한 사례를 벽 철근을 배근하는 과정에서도 쉽게 볼 수 있습니다. 수 미터 내지 수십 미터의 높이와 길이의 벽 철근을 배근하면서 이 거대하고 무거운 철근이 넘어지지 않도록 강관 파이프를 기대어 지지해 놓은 모습을 보면 과연 저런 방식이 실제 철근이 넘어지려 할 때 그 무게를 감당할 수 있을까 의문을 갖게 만듭니다. 하지만 구조적 안전의 적정성과는 상관없이 누군가에게는 심리적 안정감을 느끼게 만들 수 있을 것입니다. 하지만 구조적으로 최악의 상황이 되고, 이런 상황이 사고로 이어진다면 그 동안 가졌던 심리적 안정감에 대해 후회하게 될지도 모릅니다.

다른 사례를 하나 보겠습니다.

　위 사진은 서울의 한 공공건물 중 외부에 설치된 보를 찍은 사진입니다. 사진을 자세히 보시면 보의 아랫부분이 바깥으로 틀어진 것을 볼 수 있습니다. 이 현상은 안전에서 얘기하는 아차 사고에 해당할 수 있습니다. 보를 일부러 이렇게 틀어지게 시공할 리도 없고, 그렇다고 시공 중에 이런 일이 벌어질 것을 예상하지 못하고 작업했을 리도 없습니다. 아마도 작업 중에는 파이프로 지지하거나 로프 등으로 당기는 등 여러 보강조치를 했을 것입니다. 그럼에도 불구하고 이렇게 보가 틀어진 이유는 기존에 하던 방식대로 보강하면 문제가 없을 것이라는 경험에 의한 조치에 만족

한 것이 문제일 것입니다. 하지만 결과적으로는 시공과 타설 중에 발생하는 힘을 견디지 못해 한쪽으로 기울어지는 현상이 벌어진 것입니다. 시공 중 현장 참여자들이 심리적 안정을 가질 수 있던 조치들이 구조적 안전을 완벽하게 확보하지 못해 발생한 결과입니다. 그렇다고 해도 무너지는 등의 사고로 이어지지는 않고 다행히 형상만 틀어지는 결과로 끝났기에 아차 사고라고 부른 것입니다.

안전과 안정을 적절히

그렇다면 구조적 안전을 최우선으로 삼고 모든 것을 여기에 집중해야 하냐 하면 그런 경우도 있고 그렇지 않은 경우도 있습니다.

위 사례 중 보 거푸집을 설치하는 경우, 콘크리트 타설은 작업에 작용하는 환경과 여건이 어느 정도 정해져 있고 작업 중에 일어날 변동은 작다고 볼 수 있습니다. 따라서 예측 가능한 조건과 환경을 고려해서 구조적 안전을 확보하는 것이 필요합니다. 그리고 구조적 안전을 확보하지 못해 붕괴 같은 사고가 벌어지게 되면 그 피해가 엄청나게 커질 수도 있으니 이에 대한 대비가 필요합니다.

하지만 실외에서 벌어지는 벽 철근 조립은 주변 환경에 영향을 많이 받는 상황입니다. 봄철 평균 풍속인 초속 6m 정도에서는 버틸 수 있는 구조라 하더라도 태풍과 같이 초속 30m가 훨씬 넘는 풍속에서 견디길 기대할 수는 없습니다. 그렇다고 구조적 안전을 확보하기 위해 태풍이 와도 끄떡없는 구조로 철근 구조물을 지지한다면 여기에 소요되는 비용과 시간으로 인해 현장소장은 심리적 안정을 잃어버리게 될 것입니다. 그래서 우리는 구조적 안전과 심리적 안정을 적정하고 균형 있게 확보할 수 있도록 협의하고 기준을 만드는 것입니다. 수해방지시설을 계획할 때 50년 내에 발생한 최고 강우량을 기준으로 시설을 계획하고 만들었다가 안전에 대한 요구가 강화되면서 적용 기간을 50년에서 100년으로 늘린 사례는 이러한 구조적 안전과 심리적 안정을 적정하게 만족하는 기준을 세운 사례로 볼 수 있습니다.

건설에서 구조적 안전과 심리적 안정은 트레이드 오프$_{trade\ off}$* 의 관계에 놓이게 되는 경우가 많습니다. 두 가지를 모두 적정선에서 만족할 수 있도록 조화를 이루어야 합니다. 하지만 아직 건설현장은 특히 가설구조물을 설치하는 모습에서 심리적 안정에 치중한 사례를 많이 목격할 수 있습니다. 정확한 검토를 거친 구조적 안전은 확보되지 않았음에도 불구하고 경험을 맹신한 판단착오로 심리적 안정을 느낍니다. 심리적 안정은 중요합니다. 하지만 정확한 구조적 검토와 안전시설 설치 등을 통해 사고가 벌어지지 않을 확실한 안전을 확보한 이후에 진정한 심리적 안정을 느껴야 합니다.

안전과 플라세보, 피그말리온 효과

모든 대책이 효과적일까?

예전 모 기업의 지방 공장에서 사망사고가 발생했습니다. 이름만 들으면 웬만한 사람은 다 알 정도로 최고의 기업이었고, 그 기업의 주요 제품을 생산하는 최대 규모의 공장이었습니다. 그런 이름있는 회사에서 어디 내놓기 부끄러운 사망사고가 발생했으니 당장 회사 차원의 대책을 마련하고 언론 등을 통해 다시는 이런 사고가 재발하지 않도록 심혈을 기울이겠다고 발표했습니다.

하지만 발표가 무색하게 다음 달에 원인은 달랐지만 작업자가 목숨을 잃는 또 다른 사고가 발생하고 말았습니다. 이번에도 회사는 긴급하게 사고대책위원회를 구성하고 이전보다 더 강도 높은 대책을 마련해 다시는 사고가 발생하지 않도록 관리하겠다고 다짐했습니다. 사고대책위원회에서 만든 안전계획과 회사의 다짐은 한동안 뉴스의 사건 사고란에 회사의 이름이 오르지 않는 것으로 어느 정도 효과를 발휘하는 것으로 비쳤습니다. 그러나 안타깝게도 사람들의 기억에서 앞선 두 건의 사고가 채 잊히기 전에 다시 사망사고가 발생했습니다. 회사 입장에서는 몇 달간의 노력이 모두 물거품이 되는 순간이었고, 외부의 시선도 회사의 대책과 노력에 진정성이 있었는지 의심의 눈초리를 보내기도 했습니다. 이런 위기 상황을 타개하기 위해서 경영진은 특단의 조치를 발표했습니다. 기업의 최고경영자가 지방에 위치한 공장에 직접 내려가 상주하면서 안전관리를 하겠다는 내용이었습니다. 이러한 특단의 조치가 제대로 효과를 발휘했는지 그 이후 꽤 오랫동안 같은 공장과 기업에서 사망사고가 발생했다는 이야기는 더 들려오지 않았습니다.

이런 상황을 지켜보면서 든 의문은 어떤 조치가 진짜 효과적이었을까 하는 것입니다. 그 기업에서 사망사고가 근절된 이유가 최고경영자가 안전관리에 능력이 있어서 사고를 막은 것인지, 아니면 이러한 경영진의 안

전에 대한 의지가 전달되면서 사원들의 안전의식이 높아진 효과가 나타나는 것인지, 그도 아니면 사망사고가 발생하지 않은 좋은 결과를 얻긴 했지만 이러한 대책이나 조치와 무관하게 다른 이유로 사고가 발생하지 않은 것인지 진짜 이유가 궁금했습니다.

심리학에 플라세보 효과라는 이론이 있습니다. 의사가 효과 없는 가짜약 혹은 꾸며낸 치료법을 환자에게 제안했을 때 환자의 긍정적인 믿음으로 인해 병세가 호전되는 현상을 말합니다. 플라세보 효과는 오랜 질병이나 심리 상태에 영향을 받기 쉬운 질환일 경우 잘 나타나는 현상으로 알려져 있습니다. 효과가 없는 약임에도 불구하고 심리적인 이유로 긍정적인 결과가 나타날 수 있기 때문에 신약품을 개발할 때 해당 약이 실제 임상 효

과가 있음을 보이기 위해 흔히 가짜 약을 투여한 집단과 진짜 약을 투여한 집단의 상대적 효과를 비교하는 실험 절차를 거치도록 하고 있습니다.

변화에 의한 효과가 필요

플라세보 효과와 유사한 것으로 피그말리온 효과도 있습니다. 긍정적인 기대나 관심이 사람에게 좋은 영향을 미치고, 안 풀릴 것으로 기대하면 안 풀리는 경우를 말하며 심리학 용어로는 자기충족적 예언self-fulfilling prophecy이라고 합니다. 피그말리온 효과라는 이름은 자신이 만든 조각상을 사랑한 피그말리온에 대한 신화에서 유래한 것입니다. 조각가 피그말리온은 아름다운 여인상을 조각하고, 이름을 갈라테이아Galatea로 지은 후 실제로 이 조각상을 진심으로 사랑하게 됩니다. 이러한 이루어질 수 없는 사랑을 지켜보던 여신 아프로디테는 피그말리온의 사랑에 감동하여 갈라테이아에게 생명을 불어넣어 사람으로 만들어 줍니다.

자기충족적 예언을 증명한 유명한 실험이 있습니다. 1968년 하버드의 교수 로젠탈Robert Rosenthal은 미국의 초등학교 학생들을 대상으로 지능검사를 실시하고 결과와 상관없이 무작위로 20%의 학생을 뽑았습니다. 그리고 뽑힌 학생들이 지능지수가 높다고 이야기해 해당 학생들이 관심을 받도록 유도했습니다. 일정 기일이 지난 후 다시 지능검사를 실시하니 그동안 기대와 격려에 부응하려는 해당 학생들의 노력으로 인해 실제 성적이 향상된 결과로 나타났습니다. 명단에 오른 학생들에 대한 교사의 기대와 격려가 학생의 성적 향상에 실제로 영향을 미친다는 사실을 증명한 것입니다.

플라세보 효과와 피그말리온 효과는 같은 것으로 보일 수 있지만, 자세히 생각해보면 근본적으로 다른 점이 있습니다. 좋은 결과를 얻었다는 표면적 현상은 같지만, 무엇을 통해서 그러한 결과가 나왔는지가 다릅니다. 플라세보 효과는 위약이라는 아무런 효과를 기대할 수 없는 원인이지만 환자가 갖게 되는 심리적 기대 때문에 좋은 결과가 나타난 경우입니다. 다시 말하면 환자의 병을 치유할 수 있는 근본적 해결책이 제공되지 않았기 때문에 병세는 조금 나아졌을지 모르지만 병이 근본적으로 좋아졌다고 보기는 어렵습니다.

반면에 학생들을 대상으로 한 실험을 보면 피그말리온 효과는 지능이 높은 것으로 선정된 학생들의 성적 향상을 위한 노력이 투입되었고, 이로 인해 성적이 향상된 결과를 얻은 것입니다. 학생들의 성적이 오른 원인, 즉 학습이라는 노력이 투입된 결과로 학생들의 근본적인 변화가 수반된 결과입니다.

다시 사망사고가 발생한 대기업의 지방 공장으로 돌아가 보겠습니다. 최고경영자가 상주하는 동안 더 이상의 사고가 발생하지 않는 좋은 결과를 얻어냈습니다. 하지만 눈으로 보이는 이런 좋은 결과가 어떤 의미인지 찬찬히 따져볼 필요가 있습니다. 위원회에서 만들어낸 다양한 대책이 공장에 정착되고, 최고경영자의 탁월한 안전경영이 효과를 발휘하면서 안전관리의 혁신을 통해 근본적인 개선으로 이어져 사고가 예방되었을 가능성이 있습니다. 그리고 직원들에게 할 수 있다는 긍정적 인식이 생기고, 이를 바탕으로 한 노력이 투입되면서 사망사고 예방으로 이어졌다면 가장 바람직한 과정으로 이해될 수 있습니다. 자기충족적 예언, 즉 피그말리온 효과로 이해될 수 있을 것입니다.

하지만 근본적인 변화가 아닌 보여주기식 행위만 벌어졌다면 전혀 다르게 이해될 수 있습니다. 다양한 대책을 발표했지만 정작 공장에서는 그런 발표와 상관없이 예전에 하던 대로 작업을 진행하면서 겉으로만 하는 척 보여줬거나, 최고경영자가 상주하는 동안은 위험해 보이는 작업을 가능한 최소화하고 뒤로 미뤄가면서 버티기만 했다면 사고가 발생하지 않은 결과는 같지만 그 내면은 전혀 다릅니다. 일정 시간이 지나고 공장이 다시 본격적으로 가동되면 작업에 대한 위험과 이를 진행하는 사람들은 전혀 달라지지 않은 상태이기 때문에 사고의 가능성은 그대로 존재하기 때문입니다.

좋은 결과라는 현상은 플라세보 효과와 피그말리온 효과가 동일해 보이지만, 그 속을 들여다보면 위와 같이 전혀 다른 내면의 모습과 본질이 있을 수 있습니다. 안전도 사고가 발생하지 않은 좋은 결과는 같을 수 있습니다. 하지만 그 결과가 우리의 부단한 노력으로 얻어낸 것인지, 아니면 근본적인 변화를 기대하기 어려운 아무런 효과가 없는 무의미한 행위의 반복임에도 우연히 좋은 결과를 얻고 있는 것은 아닌지 살펴볼 필요가 있습니다. 이런 이유로 사고 유무라는 결과만을 가지고 안전 수준을 평가하는 것은 바람직한 방향이 아닙니다. 좋은 결과를 얻었다면 결과를 이끈 진짜 이유를 확인해 강점은 강화하고 약점은 보완하는 지속적인 안전관리가 이어져야 합니다.

PDCA

P$_{plan}$-D$_{do}$-C$_{check}$-A$_{action}$ 는 경영학에서 생산 및 품질 등을 관리하는 방법으로 에드워드 데밍Edward Deming에 의해 널리 알려진 경영방식입니다. P계획-D실행-C평가-A개선의 네 단계 활동을 반복하면서 지속적 개선을 하는 것이 기본 개념으로 경영 및 업무의 기본 관리체계로 많이 활용되고 있으며 PDCA 사이클Cycle로 불립니다.

PDCA 운영에 대해 설명하면, 처음 계획을 세우고P, 그 계획에 따라 실행을 한 후D 실행이 계획대로 잘 이루어지고 있는지를 평가C합니다. 실행이 계획에서 벗어났다면 개선과 수정을 통해 다음 계획에 반영해 바로잡는A 하나로 이어지는 과정을 반복해서 수행하는 것입니다.

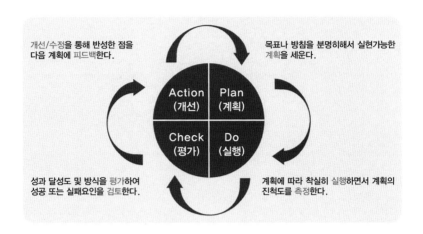

개선/수정을 통해 반성한 점을 다음 계획에 피드백한다.

목표나 방침을 분명히해서 실현가능한 계획을 세운다.

Action (개선)　Plan (계획)

Check (평가)　Do (실행)

성과 달성도 및 방식을 평가하여 성공 또는 실패요인을 검토한다.

계획에 따라 착실히 실행하면서 계획의 진척도를 측정한다.

　　PDCA 사이클은 비교적 이해하기 쉽고, 절차도 복잡하지 않아 건설현장에서 안전을 관리하는 방식으로 많이 사용하지만 실제 효과가 나타나는 결과를 얻기는 쉽지 않습니다. PDCA를 각 단계별로 알아보고, 비교적 단순한 이 절차가 왜 잘 이루어지지 않는지 위험성 평가에 대입해 생각해 보려 합니다.

　　계획P 단계에서 자주 발생하는 문제는 명확하지 않고 모호하게 정리하고 표현하는 것입니다. 위험성 평가를 예로 보면 작업에서 사고 발생 가능성이 있는 위험에 안전대책을 수립하는 것을 계획으로 볼 수 있습니다. 그런데 이 계획이 무엇을 하고자 하는 것인지 분명하지 않은 경우가 많습니다. 예를 들어 추락의 위험이 있는 슬래브 단부에서 작업이 진행될 예정이어서 이에 대한 위험성 평가를 진행한다면 위험성에는 추락위험이라고 적고, 안전대책으로는 추락방지조치와 개인 보호구 착용이라고 표기된 사례를 흔히 볼 수 있습니다. 언뜻 이와 같은 위험성과 대책은 문제가 없어 보이지만 실제 아주 모호한 내용으로 정확한 계획이라고 말하기 어렵습니다.

출처: 만화로 보는 산업안전보건기준에 관한 규칙

일단 추락위험이 있는 작업이 어디에서 진행되는지 위치와 작업조건 등이 제시되지 않으면 실제 작업을 관리하기가 아주 어려워집니다. 그리고 이 작업에서 요구하는 추락방지시설이 무엇인지 또 작업자가 착용해야 하는 개인 보호구가 무엇인지 구체적인 계획으로 제시하지 않으면 실행의 적정성 등을 판단하기 어려워 좋은 계획으로 볼 수 없습니다.

다음 문제는 수립된 계획을 구성원들과 공유하지 않는 것입니다. 이 문제는 생각보다 흔히 발견되는 문제로 계획을 수립하는 사람은 따로 있고, 그 계획을 실행하는 사람은 따로 있는 경우입니다. 공유는 내용 전체가 전달되지 않는 경우도 있고, 대략의 내용은 전달되지만 실제 의미와 목적이 정확하게 전달되지 않는 경우도 있습니다.

현장에서 진행하는 위험성 평가의 대부분은 종이에 적힌 문자로만 남아있는 경우가 많습니다. 실제 어떤 위험이 도출되고 그에 따른 대책이 어떤 것인지 관련 문서를 만드는 담당자만 알고, 실제 그 작업을 진행하는 작업자들은 자신들이 해오던 방식 그대로 일을 진행하는 경우가 대다수라는 말입니다.

이런 문제를 해결하기 위해서 TBM Tool Box Meeting과 같은 시간에 위험과 안전대책을 전달하기 위해 노력하는 현장도 물론 존재하지만, 아직 많은 현장에서는 위험성 평가와 작업이 별개로 이루어지는 형편입니다. 계획이 무엇인지도 모르는 사람들이 계획을 통해 달성하고자 하는 목표를 이루어낼 것으로 기대할 수는 없는 노릇입니다.

실행D 단계에서 가장 큰 문제점은 물론 아무것도 하지 않는 것입니다. 지금 이 글은 PDCA 사이클 운영 시 문제점에 대해 이야기하는 것이므로 아무것도 하지 않는 것은 일단 논외로 하고 실행하는 과정의 문제에 대해 이야기하겠습니다.

일단 무턱대고 하는 것이 문제입니다. 계획 단계에서 목표를 달성하기 위한 여러 방법 중에서 가장 합리적이고 해당 현장에 적합한 것들이 정해졌다면 그 정해진 내용에 근거해서 실행이 이루어져야 합니다. 계획이 잘 만들어지지 않은 것도 문제지만 계획과는 무관한 일들이 벌어지는 것도 문제입니다. 실행은 되지만 계획에 의한 것이 아닌 개인의 경험과 지식에 의존한 일들이 벌어지는 것입니다. 개인의 경험과 지식이 뛰어나다면 다행이지만 그렇지 못한 경우에는 치명적인 결과로 이어질 수도 있습니다.

다음은 완전해지지 않은 상태로 끝내는 것입니다. 위험성 평가에서 추락방지를 위한 여러 대책을 마련하고, 이 대책이 적정하게 지켜지고 있는지 확인하는 것이 사고 예방을 위해 중요합니다. 그런데 주관적인 판단으로 이 정도면 괜찮겠지 생각하고 준비가 덜 됐음에도 불구하고 작업을 진행하는 경우가 있습니다. 이런 경우 부족한 부분에서 문제가 발생하면 큰 사고로 이어질 수도 있습니다. 또한 사고로 이어지지 않는다고 하더라도 제대로 준비되지 않았음에도 작업을 진행한다면 작업자는 이런 경험을 통해 완전하지 않더라도 문제가 없다고 받아들이거나 안전은 어느 정도 보여주기만 하면 된다는 안이한 생각을 가질 수 있습니다. 이런 생각들이 머릿속에 쌓여 안전불감증이라는 결과로 나타날 수 있는 것입니다.

평가 또는 검토c 단계는 PDCA 사이클에서 가장 중요한 단계로 생각합니다. 건설현장을 포함한 많은 조직에서 PDCA 사이클이 제대로 운영되지 않는 가장 큰 이유는 평가가 적정하게 실행되지 않기 때문입니다. 많은 현장에서 거창한 계획을 세우고, 이런저런 활동을 활발하게 운영하는 것으로 보이지만 이런 활동으로 효과를 거뒀다는 체험담을 듣기 어려운 이유는 평가와 검토가 제대로 이루어지지 않기 때문입니다.

건설현장에서 위험성 평가 결과는 주로 위험성 평가표라는 양식에 정리해 보관하고 있습니다. 잘 만들어진 위험성 평가표를 보면 안전대책의 수행자와 확인자를 적는 빈칸이 존재합니다. 말 그대로 작업 중 안전대책을 실행하는 사람과 그 안전대책이 적정하게 실행됐는지를 확인하는 사람을 적는 공간입니다. 평가는 중요한 이 두 사람이 제대로 역할을 수행했는지를 확인하고 혹시 그렇지 못하다면 어떤 문제가 있었는지 확인하는 것입니다.

계획대로 진행되어 목표가 달성된다면 아주 이상적이지만 현실에서 목표 달성이 쉽지 않습니다. 실제 수행과정에 여러 문제가 발생하고 예기치 못한 결과로 이어지는 것이 다반사이기 때문입니다. 따라서 중간 또는 수시로 계획대로 일이 진행되고 있는지, 중간에 돌발 변수가 발생하지 않는지 확인하고 문제를 해결해 주어야 원래 계획대로 일이 진행될 수 있습니다. 위험성 평가에서 지정된 수행자와 확인자는 대부분 업무 담당자인 경우가 많습니다. 업무 담당자는 일을 직접 관리하고 진행하기 때문에 실무에 대해 가장 잘 안다는 장점을 갖고 있지만, 반면에 일에 몰두하기 때문에 주변을 살피거나 업무가 잘못된 방향으로 진행된다 하더라도 이를 알아채기가 쉽지 않습니다. 따라서 객관적 입장을 유지할 수 있는 제삼자가 정기적으로 평가하고 문제를 찾아내는 것이 중요할 수 있습니다. 다만 앞서 이야기한 것처럼 평가 단계에서는 예기치 못한 문제를 파악하고 해결책을 찾아내는 것이 목적입니다. 그런데 자칫 잘못 운영하면 도출된 문제에 대해 책임추궁만 하는 부정적인 방향으로 흐를 수 있습니다. 평가 단계는 책임을 묻는 것이 아니라 문제를 해결하는 것이 목적임을 잊어서는 곤란합니다.

마지막으로 개선A 단계에서 발생할 수 있는 흔한 문제는 원인을 해결할 수 있는 개선책을 제시하지 않고 보기에 그럴싸하거나 책임을 회피하

기 위한 내용만 제시하는 것입니다. 지금 돌아보면 건설현장에서 발생하는 사고를 막아보겠다는 목적으로 수많은 계획과 대책이 줄지어 진행되었습니다. 다양한 이름을 달고 화려한 구호와 함께 등장한 수많은 캠페인과 활동들이 지금은 사람들의 기억에서 사라졌습니다. 그런 계획과 대책들은 안전관리를 위한 기본적인 활동임에도 요란한 포장으로 꾸며졌다든가 화려한 등장에 비해 효과를 거두지 못해 사라진 것들도 있습니다. 개선은 겉모습이 아닌, 문제를 실제로 해결할 수 있는 답을 찾아 다음 계획에 반영해 꾸준하게 진행하는 것이 중요합니다.

건설현장에서 안전관리를 위해 다양한 방법론을 도입하지만, 효과가 있는지 없는지 결과가 불투명한 이유는 '꾸준함'과 '기다림'이 부족하기 때문이라고 생각합니다. 하나의 방법론으로 안전관리가 눈에 띄게 단시간에 달라진다면 좋겠지만 현실에서 그런 기가 막힌 방법론은 없다고 단언할 수 있습니다. 이런저런 방법론은 각각 장단점을 가진 도구일 뿐입니다. 이 도구를 어떻게 얼마나 정확하게 꾸준히 적용하느냐가 좋은 결과를 얻냐 그렇지 않냐를 가릅니다. PDCA 사이클도 하나의 도구입니다. 다만 다른 방법론에 비해 잘 알려지고, 효과가 좋다는 평이 많은 도구입니다. 이 PDCA라는 도구가 잘 돌아가지 않는다면 도구 탓을 하면서 다른 도구를 찾기 이전에 우리가 잘못하고 있는 것은 없는지, 그리고 이 도구에 적응할 만큼 충분한 시간을 가졌는지 등을 확인할 필요가 있습니다. 안전관리에 만병통치약은 없습니다. 시간을 가지고 꾸준한 노력을 기울이는 것이 문제를 해결하고 좋은 결과를 얻을 수 있는 기본입니다.

칭찬과 인정

좋은 의도가 인정받지 못한다면

주말에 시간이나 정신적인 여유가 있으면, 또는 여유를 찾기 위해 등산을 가곤 합니다. 사는 곳이 수도권이기 때문에 주로 관악산, 북한산과 같이 수도권 주변의 산을 주로 찾지만 간혹 연휴처럼 휴일이 길어지면 수도권을 벗어나 조금 먼 산을 여행하기도 합니다. 언젠가 연휴를 맞아 어디를 갈까 인터넷으로 검색해보고 주변 이야기도 듣다가 한국의 장가계*라 불리는 강원도의 두타산을 가게 되었습니다.

---

* 장자제시(张家界市; Zhangjiajie City)가 원래 이름인 중국 후난성 북서부에 있는 도시로 한국에는 장가계로 많이 알려져 있습니다. 보통 관광지는 장가계시가 아니고 외곽에 위치한 천문산, 원가계, 무릉원입니다. 영화 아바타에 등장하는 외계 위성인 판도라의 모티브가 된 것으로 더욱 유명합니다.

한국의 장가계라 불리는 장소는 두타산 아래 무릉계곡의 베틀바위라고 이름 붙여진 날카롭고 삐죽삐죽한 모습의 바위가 연이어 자리 잡은 멋진 풍광을 보여주는 곳입니다. 등산 도중 이런 멋진 경치나 정상을 맞닥뜨리게 되면 누구나 할 것 없이 하는 일이 하나 있습니다. 짐작하시겠지만 멋진 광경을 눈으로만 담기 아깝고, 이곳을 다녀왔다는 증명을 남기기 위해 사진을 찍는 것입니다. 사진은 스마트폰의 카메라 기능이 발전하면서 혼자서 사진을 찍는 셀카도 가능하지만 좋은 구도로 전신을 담기 위해서는 다른 사람의 손을 빌릴 수밖에 없고, 다들 산에 가보면 서로 부탁하고 도와가면서 사진을 찍어주는 모습을 흔히 볼 수 있습니다.

베틀바위에 오른 그날도 전망대에 올라 이런저런 각도로 사진을 찍고 있는데 연세가 좀 있어 보이는 남성 한 분이 다가와 사진을 찍어달라고 부탁을 했습니다. 앞서 말한 것처럼 이런 부탁은 흔히 있는 일이기에 찍 어드리겠다고 흔쾌히 승낙하고 스마트폰을 건네받으려는데 이분은 다른 분들과는 조금 다른 요구를 했습니다. 보통은 특별한 요구사항 없이 사진 을 찍어달라고 하거나 요구사항이라고 하더라도 가로 또는 세로로 찍어 달라 정도를 부탁하는데 이분은 자신의 스마트폰으로 구도를 잡고 그 구 도 그대로 찍되 자신의 상반신을 어느 위치에 나오도록 찍어달라는 아주 구체적으로 이야기했습니다. 약간 독특한 분이구나 생각하면서 이렇게 구체적으로 부탁하는 것도 괜찮은 방법이겠다 생각하고, 그분의 요구사 항이 사진에 담길 수 있도록 신경 써서 사진을 찍었습니다.

이렇게 사진을 찍은 이후에 나타나는 과정은 일반적으로 이렇습니다. 사진을 찍어 준 사람 입장에서는 사진의 주인이 이를 마음에 들어 할지 모르기 때문에 주인에게 스마트폰을 건네면서 마음에 드시는지 한번 보 시라 이야기하고, 스마트폰을 건네받는 사진의 주인공은 감사합니다란 인사를 하면서 사진이 이상하지는 않은지 확인을 합니다. 하지만 이런 과 정이 인사치레랄까 관행적으로 벌어지는 일이지 사진을 꼼꼼하게 확인하 면서 잘못된 부분을 지적하거나 마음에 들지 않으니 다시 찍어달라는 등 의 요구를 하는 경우를 본 기억은 없습니다.

그런데 베틀바위에서 만난 이분은 조금 달랐습니다. 사진을 찍은 후 확인해 보시라는 말과 함께 폰을 건네는데 아무런 말도 없이 진짜 사진만을 확인하는 모습을 보여줬습니다. 빈말이라도 고맙다는 말을 건네는 것이 일반적인데 말 한마디 없이 건네받은 사진을 보면서 정확한 내용을 알아 듣지는 못했지만 뭔가 불만족스러운 투로 구시렁대기만 했습니다. 스마트폰으로 찍는 사진이라는 것이 자동으로 초점을 잡는 등 기종의 성능에 의한 것이고 찍는 사람의 기술에 좌우되는 부분은 거의 없다고 해도 과언이 아닌데 대놓고 하지는 않았지만 볼멘소리를 듣는 것이 기분이 좋지 않았습니다. 그리고 사진의 구도도 내 마음대로 정한 것도 아니고 정해준 그대로 찍었던 것이라 억울한 마음마저 들었습니다. 순간적으로 다시는 산에서 누군가 사진을 찍어달라 부탁하더라도 절대 응하지 말아야겠다는 옹졸한 마음마저 생겼습니다.

그렇게 조금은 상한 기분으로 산을 오르다가 문득 그런 생각이 들었습니다. 어떤 일을 할 때 노력하고 꽤 잘 해냈다고 자부하고 있는데 누구도 인정하지 않고 타박만 듣는다면 의욕을 떨어뜨리고 행동을 제한하는 결과로 나타나지 않을까 하는 생각입니다. 그리고 건설현장에서 특히 안전관리에서 이런 일이 빈번하게 일어나고 있는 것은 아닐까 하는 생각입니다.

작업을 준비하거나 진행할 때 우리는 승인이나 안전점검이라는 이름으로 안전관리가 잘되고 있는지 그리고 그 수준은 어느 정도인지 확인하는 다양한 안전활동을 합니다. 그런데 이런 안전활동이 잘못된 부분을 찾아내는 것에만 너무 집중하고 있는 것은 아닌지 하는 걱정이 들었습니다.

예를 들어 작업을 준비하고 진행하는 과정에서 모든 위험을 제거하고 사고를 완벽하게 예방하는 데 10개의 안전조치가 필요하다면 우리는 점검 등을 통해서 10개의 안전조치 상태를 확인합니다. 그런데 9개의 적합한 조치와 예방책이 실행되고 1개의 불안전한 상태에 대한 조치가 부족했다면, 우리는 잘된 것은 무시한 채 잘못된 것에만 집중하고 있는 것은 아닌지 돌아볼 필요가 있습니다. 물론 하나의 부족함으로 인해 사고가 발생할 수 있기 때문에 그 부족함을 채우는 일은 필요합니다. 하지만 하나의 잘못만을 부각해서 잘된 아홉 개를 모두 인정하지 않으면, 결국 장기적으로는 잘해왔던 아홉 개도 등한시하는 결과를 낳을 수도 있습니다. 하나의 잘못을 지적하고 책임을 묻기 이전에 잘된 부분에 대해 충분히 격려하고 인정해야 꾸준한 안전활동을 유지할 수 있는 원동력이 될 수 있습니다.

안전활동 인정하기

1970년대 산업안전 분야에서 사람의 행동을 변화시키는 데 중점을 둔 행동주의적 접근법이 나타났습니다. 산업안전에 대한 행동주의적 개입은 행동심리학Behavioral Psychology의 이론과 원리들을 활용하는 것을 기본으로 하고 있습니다. 행동주의에서는 바람직하지 못한 행동의 감소가 아닌, 바람직한 행동의 증가에 초점을 맞추고 있습니다. 왜냐하면, 바람직하지 못한 행동의 감소를 이끄는 처벌 혹은 페널티 등이 바람직한 행동을 증가시키는 것은 아니며, 우리가 원하는 것은 바람직한 행동이고 바람직한 행동이고 여기에 목표를 둔 개입이 더욱 효과적이라 가정하기 때문입니다.

이렇게 바람직하지 못한 행동 감소에 목표를 두는 것보다 바람직한 행동 증가에 목표를 두는 것이 효과적이라는 이론적 가정은 다양한 연구를 통해 증명되었습니다. 또 바람직하지 못한 행동 감소에 목표를 둔 접근법은 특정 상황에서 효과적일 수 있겠으나, 장기적으로 볼 때 바람직하지 않은 행동에 대한 처벌과 페널티는 의도하지 않은 결과Side effect들을 만들어내는 한계가 있습니다. 처벌과 페널티는 공격적 행동이나 감정의 부작용을 일으킬 수 있으며, 처벌과 페널티를 받는 상황이나 그것을 제공하는 사람이 부정적 자극으로 조건화될 수 있습니다. 의도하지 않은 결과의 예로는 일터에 대한 냉소주의 증대와 관리자와 근로자의 신뢰 감소, 안전관리에 대한 혐오감 등이 있습니다. 처벌과 페널티는 어떠한 행동도 형성하지 못하고, 행동을 억제할 뿐입니다.

안전관리의 목표 중 하나는 개인이 무엇을 해야 할지 안내하고, 지도하는 것입니다. 따라서 처벌과 페널티보다는 인정과 칭찬을 더 빈번히 사용해야 할 필요가 있습니다. 많은 관리자는 현장에서 작업자 혹은 관리자에게 칭찬보다 지적을 쉽고 효과적으로 생각합니다. 긍정적인 자극보다 부정적인 자극이 훨씬 뚜렷하게 인식되기 때문입니다. 하지만 뚜렷한 인식이 확실한 효과나 바람직한 변화로 이어진다고 볼 수 없습니다.

부정적 피드백과 긍정적 피드백과 관련된 심리학 실험을 하나 소개하겠습니다. 실험 집단을 둘로 나누어 세 번의 볼링 게임을 진행합니다. 연구진은 게임을 진행하며 과정을 녹화했는데 A 집단에게는 스트라이크 등과 같이 긍정적인 장면만 보여주는 상황을 편집하여 보여주었고, B 집단에게는 공이 빗나가거나 거터로 빠지는 장면만 편집해서 보여주었습니다. 이후 두 집단에 6개월간 볼링 연습을 시켰고, 집단별로 다르게 편집된 영상을 수시로 보여주었습니다. 6개월 뒤 결과는 어땠을까요? B 집단의 실력이 A 집단에 비해 현저히 낮은 볼링 실력을 보였습니다.

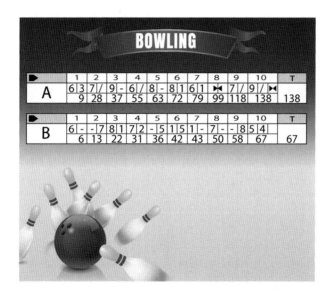

칭찬과 격려가 작업 결과에 어떤 영향을 미치는지 확인한 다른 연구사례[**]도 있습니다. 60명을 대상으로 가상의 용접작업을 하도록 과제를 부

** 긍정적/교정적 피드백 제공비율이 안전 행동 및 피드백 수용도에 미치는 효과, 임성준, 오세진, 한국안전학회지, 제33권 제4호, 2018.

여했습니다. 과제를 수행한 60명 중 절반인 30명에게는 긍정과 부정의 피드백을 1:4 비율로 주고, 나머지 절반에게는 1:1의 비율로 피드백을 제공했습니다. 이러한 조건에서 실험 참가자들은 가상의 용접작업을 약 20회 정도 수행했고, 실험 후 참가자들이 안전에 관한 규칙을 얼마나 준수했는지 분석한 결과는 확연한 차이를 보여주었습니다. 칭찬을 포함한 긍정적 피드백을 받은 그룹이 그렇지 못한 그룹에 비해 안전 행동의 비율이 높게 나타난 것입니다.

물론 인정과 칭찬이 만병통치약은 아니고 처벌과 페널티를 사용해야 하는 경우가 있습니다. 휴먼 에러로 불리는 의도치 않은 인적오류가 아닌, 의도적 위반이 발생했을 때는 사안에 따라 처벌과 페널티가 필요합니다. 하지만 그러한 경우에도 처벌과 페널티가 감정적이나 일관되지 않은 기

준에 의해 남발되어서는 안 됩니다. 그리고 부정적인 부분에만 집중하지 않고, 긍정적인 부분에 대한 칭찬 및 인정을 함께 제공하는 것이 바람직하고 가능하면 왜 처벌과 페널티를 받는지 납득하도록 설명도 필요합니다. 현재 우리 건설현장은 처벌과 페널티에 집중되어 있는 것이 현실이므로 장기적인 관점에서 바람직한 안전문화를 정착시키기 위해서는 칭찬과 인정이라는 긍정의 피드백을 제공하고 익숙해지도록 노력할 필요가 있습니다. 칭찬과 인정이라는 긍정적인 피드백은 성과를 낼 수 있다는 자신감을 북돋아 동기를 부여합니다. 또 긍정적인 피드백을 통해 강점을 인식하고 바람직한 행동을 강화하는 학습이 이루어집니다. 그리고 새로운 것을 배우거나 시도해야 하는 경우, 부정적인 피드백보다 긍정적인 피드백이 더 효과적인 것으로 알려져 있기 때문에 수시로 작업 환경과 조건이 변하는 건설현장에서 더욱 필요한 것이 칭찬과 인정 같은 긍정적 피드백입니다.

보여주기식 안전

누구를 위한 안전시설

어느 한 현장에서 안전점검을 진행했을 때 이야기입니다.

시스템 동바리 조립작업이 한창 진행 중인 상태였습니다. 약 5m 정도 높이의 동바리 수직재를 세워놓고 아랫부분은 넘어지지 않을 정도만 수평재를 설치한 상태로 윗부분 조립이 진행되고 있었습니다. 하지만 수평재와 가새가 모두 설치된 상태가 아니었기 때문에 작업자가 조금이라도 움직이면 동바리도 같이 흔들거렸고 작업 발판도 설치되지 않아 상당히 불안해 보이는 작업이었습니다. 이런 상태로 작업하는 것이 맞는지 작업 계획을 보니 계획서에는 하부에 작업 발판은 물론이고 추락위험 부위에는 방망까지 설치하는 것으로 되어있었습니다. 현장을 안내하며 같이 점검을 하던 현장 공사담당자와 안전담당자에게 왜 계획대로 작업을 하지 않는지를 물어보니 예상하지 못한 답변이 돌아왔습니다. 작업을 계획대로 진행할 예정이랍니다. 무슨 말인가 설명을 들어보니 작업 발판과 방망을 미리 설치하면 동바리 수직재와 수평재를 설치하는 데 걸리적거리니 일단 기본적인 틀을 우선 설치하고, 그 설치가 어느 정도 마무리되면 작업 발판과 방망을 설치할 거라는 얘기였습니다.

가시설과 안전시설물을 잘못 이해하는 현장 사람들이 꽤 많습니다. 시설물은 공사 진행에 방해가 되거나 걸리적거리면 어느 정도 정리가 된 이후에 설치한다는 입장입니다. 하지만 안전시설물의 주목적은 작업이 진행 중인 상황에서 작업자에게 나쁜 영향을 줄 수 있는 위험을 없애거나 최소화시켜서 사고를 예방하는 것입니다. 어린이보호구역에 설치된 과속방지턱이 자동차 주행속도를 줄여 시간이 조금 늘어난다고 해서 어린이 교통사고 예방을 위해 설치한 과속방지턱을 없애지 않는 것처럼 가시설

과 안전시설물 역시 공사에 조금 지장을 준다고 해서 없애거나 설치를 늦춰서는 안 되는 것입니다.

위의 시스템 동바리 설치 사례로 돌아가 생각해볼까요?

동바리를 조립하는 중간에 작업 발판을 설치하기 위해서는 일단 하부에 수평재와 가새 등 구조재와 보강철물을 빠짐없이 조립해야 합니다. 구조재와 보강재를 조립하지 않으면 작업 발판의 무게를 견딜 수 없기 때문입니다. 이렇게 작업순서를 철저히 지키는 것이 시간 지연이라는 결과로 나타날 수 있습니다. 하지만 현장의 목표가 빠르게 끝내는 것이 아니라 안전하고 정확하게 마무리하는 것이라면 이런 이유로 나타나는 시간 지연은 받아들여야 합니다. 엄밀히 보면 이는 시간 지연이 아니라 정상적인 현상이고, 빠르게 끝난 작업이 비정상적인 것이기 때문입니다.

안전보건공단

동바리 하부 구조물이 조립되었다면 추락위험 부위에 추가로 방망이 설치되어야 합니다. 시스템 동바리 설치 시 방망이 먼저 설치된다면 작업자의 이동통로에 제한이 생기고 동바리 자재를 위로 올리는 장소도 지정되어야 하는 등 어떻게 보면 큰 장애물이 생기는 것입니다. 하지만 추락방망의 기본 목적이 시스템 동바리 상부에서 일하는 작업자가 혹시 추락하게 되는 경우에 이들의 생명을 지키기 위한 것이기 때문에 작업이 마무리된 이후에 설치한다는 생각은 잘못된 것입니다.

그런데 작업 중 위험에 대비한 시설물이 아닌 작업이 마무리된 이후에 가설물과 안전시설을 설치하는 보여주기식 안전은 생각보다 현장에서 많이 발견됩니다. 앞선 예처럼 떨어짐 사고의 위험이 있는 장소에 방망을 설치하지 않은 불안전한 상태로 작업을 하고, 위험한 작업이 끝난 이후에 시설물을 설치하는 모습을 자주 봅니다. 철골이 조립되는 현장도 마찬가지입니다. 기둥 철골을 세우고 한 층의 보 조립이 끝난 후 방망을 설치하는 것이 아닌 모든 층의 보 조립이 끝나고 방망을 치는 사례가 꽤 많습니다. 데크플레이트 설치작업에서도 정작 추락의 위험이 높은 판개 작업 중에는 아무런 시설물도 설치하지 않은 상태로 작업하다 데크플레이트 설치가 완료되면 단부에 안전난간을 설치한다는 등 부산을 떠는 경우가 많습니다. 이런 현상이 나타나는 이유는 안전시설물의 기본 설치 목적을 이해하지 못하거나 무시한 상태에서 눈으로 보이는 것에만 관심을 두기 때문으로 생각됩니다.

목적에 맞는 안전 활동과 시설

공지영 작가의 《수도원 기행》이라는 책이 있습니다. 작가가 유럽의 수도원을 방문하는 여행기이자 자기 고백서인데 책을 읽던 중 마음에 남은 사진 한 장에 대해 이야기하고자 합니다. 작가가 독일의 마리엔하이데라는 지역에 있는 몽포뢰 수도원이라는 곳을 방문하게 되는데 모르긴 해도 수도원이라는 특성에 걸맞게 번화가가 아닌 한적한 곳에 위치한 것으로 생각됩니다. 작가는 1957년에 세워진 작고 아담한 수도원을 한 장의 사진과 함께 소개했는데 오래된 건물이어서 보수작업이 진행 중이었는지 작가가 직접 찍은 사진을 보면 외부에 비계 형태의 가설물이 조립되어 있습니다. 앞서 언급한 대로 이 건물은 한적한 도시의 외곽에 위치하고 보수공사도 큰 규모로 이루어지지 않을 것이므로 우리로 치자면 지방의 소규모 건물에서 보수공사가 벌어지는 현장인 것입니다. 말하자면 누구 하나 관심을 두지 않는 그런 현장임에도 불구하고 비계의 조립상태와 발판 및 안전난간, 이동 계단이 설치된 모습을 사진으로 확인하면서 충격을 받았습니다. 선진국으로 불리는 나라의 건설현장에서 사고가 우리와 비교하여 극히 작은 수치로 나타나는 것은 다 그만한 이유가 있구나 생각했습니다. 지금도 그 순간의 기억이 또렷하게 남아있습니다.

옹포리 수도원 전경

안전은 자칫 잘못 접근하면 내용이 부실한 껍데기만 만지고 확인하게 될 수 있습니다. 안전, 즉, 사고 예방이라는 목적을 이해하지 못하고 법 위반이냐 아니냐에 초점을 맞추고, 무엇을 했냐 안 했냐 하는 결과에만 몰입하면 정작 내용물이 충실하게 만들어지고 채워진 것을 확인하지 않고 껍데기가 요구대로 만들어졌냐만 따지는 형식만 남을 수 있다는 생각입니다. 안전을 위한 시설물 등이 작업 진행에 도움이 된다면 가장 바람직하겠지만, 대부분의 안전시설물은 작업에 방해가 되거나 지장을 주는 경우가 많습니다. 또 그로 인해 시간이 조금 지연되는 결과로 이어질 수도 있습니다. 하지만 사고 예방이라는 가설물과 안전시설의 목적을 이해한다면 그 정도의 거추장스러움과 작업이 늦어지는 결과는 받아들여야 합니다.

펠츠만 효과

안전을 강화하면 사고가 늘어나는 결과

1976년 경제학자인 샘 펠츠만Sam Peltzman은 안전에 관련된 논문을 발표했습니다. 이 논문에서 펠츠만은 사고에 의한 위험을 줄이기 위해 법으로 안전벨트, 에어백 같은 새로운 안전 기술을 차량에 장착하도록 의무화했지만 이후에도 도로는 전혀 안전해지지 않았다고 주장했습니다. 안전 장치가 도입된 이후에 사고당 사망률은 크게 낮아졌지만 사고 건수는 오히려 많이 늘어나 결과적으로 전체 자동차 사고 건수와 사망자 수가 늘어난 것을 확인한 것입니다.

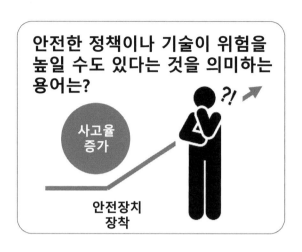

안전한 정책이나 기술이 위험을 높일 수도 있다는 것을 의미하는 용어는?

사고율 증가

안전장치 장착

　왜 이런 예상 밖의 상황이 만들어졌을까요? 결론적으로 말하자면 안전성이 높아지면 운전자는 이를 믿고 더 난폭하게 운전하기 때문입니다. 경제학에서 말하는 이유로 풀이하면 사고 위협이라는 비용이 감소함에 따라 고속 주행이라는 편익을 운전자가 취한다는 것인데 이는 인간의 자연스러운 반응에 따라 나타나는 현상이라는 것입니다. 기술이 발전함에 따라 에어백, 잠김 방지 제동장치ABS, 충돌 방지 장치와 같은 자동차 안전장치는 다양하게 개발되고 있습니다. 그럼에도 기술개발로 인해 예상되는 사고율 감소는 아직 기대에 못 미치는 수준이고, 오히려 신기술인 안전장치를 믿고 위험한 방식으로 운전을 하는 운전자가 늘어나는 모순되는 결과도 보입니다. 물론 그렇다고 해서 안전장치를 개발하는 노력을 멈춰서는 안 되고 사람이 안전한 조건을 위반하고 위험한 행동을 하려 할 때 이를 제어할 수 있는 좀 더 완벽한 기술과 장치가 만들어져야 할 것입니다.

경제이론인 펠츠만 효과를 언급한 이유는 건설현장에서도 이러한 현상이 눈에 띄기 때문입니다. 건설현장의 안전을 위해서 신기술이 적용된 많은 시설물과 장치들이 개발되고 있습니다. 이러한 새로운 제품들은 사고가 발생하는 것을 막거나 사고가 발생했을 경우에도 작업자의 생명을 지키고 피해를 최소화하는 긍정적인 결과를 기대할 수 있습니다. 하지만 건설현장에서도 안전을 강화하는 이러한 기술과 장치로 인해 위험에 좀 더 노출되는 모습이 보이기도 합니다.

보호구를 믿고 진행하는 위험한 작업들

대표적인 사례가 떨어짐 사고에 대한 대표적인 개인 보호구인 안전대안전벨트입니다. 요즘에는 전신주 작업에서나 간혹 볼 수 있는 벨트식 형태를 안전대를 보급하던 초창기에는 건설현장에서도 많이 볼 수 있었습니다. 하지만 벨트식 안전대는 실제 추락사고가 발생했을 경우, 이 안전대를 착용한 작업자의 허리에 심각한 부상을 입힌 사례가 알려지면서 점차 사용을 금지하는 추세가 되었고 현재는 벨트식 안전대를 사용하는 건설현장은 없는 것으로 알고 있습니다.

　벨트식 안전대의 위험이 알려지면서 좀 더 안전한 개인 보호구를 찾게 되었고, 그래서 보급된 제품이 상체식과 그네식 안전대입니다. 상체식 안전대는 추락 시 발생하는 하중이 허리에 집중되는 위험을 상체 부위에 고르게 전달해 안전을 확보하는 제품인 데다 그네식 안전대보다 착용한 상태에서 이동과 작업이 수월해 현장에서 선호됩니다. 그네식 안전대는 상체만이 아닌 몸 전체를 띠가 감싸는 형태로 추락 시 하중을 고루 분산해 추락사고 시 작업자를 보호하는 가장 안전한 형태의 개인 보호구라고 할 수 있습니다.

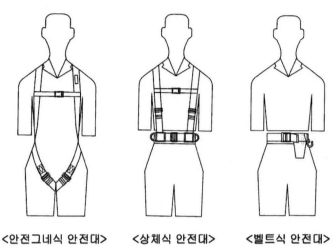

<안전그네식 안전대>　　<상체식 안전대>　　<벨트식 안전대>

출처: 한국산업안전보건공단

이와 같이 작업자의 안전을 강화할 목적인 안전대로 인해 오히려 작업자가 위험에 노출된다는 것이 어떤 상황인지 설명하겠습니다. 안전대 사용이 활성화되지 않고 안전대 자체의 성능에 대해 의문이 있었던 시기에는 추락의 위험이 있는 작업에 대해 작업 발판을 촘촘히 설치한다거나 추락 방망을 설치하는 등 추락이라는 사람이 떨어지는 사고를 예방하기 위해 주의를 기울이는 모습을 보였습니다. 하지만 안전대와 이를 고정하는 시설물에 대한 신뢰가 높아지면서 작업 발판이나 방망 등 안전조치 없이 작업자를 추락위험 부위 작업에 투입하는 경우를 종종 목격할 수 있습니다. 가장 대표적인 사례가 철골조립작업입니다.

출처: 한국산업안전보건공단, https://www.labortoday.co.kr/news/articleView.html?idxno=202261

철골조립작업은 추락의 위험이 높은 작업으로 작업자가 이동하는 경로와 작업장소에는 발판설치 등으로 안전을 확보해야 합니다. 또한 발판만으로 추락이라는 위험에서 자유롭지 못하다면 방망을 쳐서 보완해야 하는 경우도 생깁니다. 아니면 여러 작업상황 등을 고려했을 때 작업자가 직접 철골 위에서 작업을 진행하는 것이 바람직하지 않다면 스카이라고 불리는 차량형 고소작업대를 사용하는 방법을 적용할 수도 있습니다. 하지만 성능이 좋아진 안전대가 널리 사용되면서 위 사진에서 보이는 것처럼 별도의 안전조치 없이 안전대라는 개인 보호구 하나에 의지해서 작업을 진행하는 상황이 늘어나고 있습니다. 이런 모습은 성능이 향상된 안전대에만 의지해 작업자를 추락위험에 노출시키고 시간과 비용 절감이라는 편익을 취하는 펠츠만 효과의 사례라는 데 이견이 없을 것입니다.

펠츠만 효과로 나타나는 문제점은 안전하지 않은 상황을 안전하다고 믿고 작업자를 위험한 작업상황에 내모는 결과로 이어진다는 것입니다. 철골조립작업을 사례로 설명하면 안전대를 착용했다고 해서 작업자가 떨어질 위험이 사라지는 것은 아닙니다. 안전대를 착용하고 철골에 매달려 작업을 하다 실수라도 하게 되면 작업자가 아래로 떨어지는 사고가 발생합니다. 다행히 안전대가 정상적으로 작동한다면 작업자가 매달리게 되지만, 그렇다고 해서 추락 시 생기는 충격에서 작업자가 안전한 것은 아닙니다. 또 다른 안전시설물인 추락 방망에 대해 생각해보겠습니다. 추락 방망 역시 작업자가 추락사고를 당할 경우 바닥까지 떨어지는 것을 막을 수는 있겠지만 모든 피해를 막을 수는 없습니다. 떨어짐에 의한 충격은 물론이고 방망을 전면에 설치할 수는 없기 때문에 만약 방망이 설치되지 않은 철골구조물에 작업자가 떨어지거나 부딪힌다면 작업자에게 미치는 결과는 치명적일 수 있습니다. 그렇기 때문에 가장 안전한 작업방법은 철골조립 작업자가 안전하게 서서 이동하거나 작업할 수 있는 통로와 작업대를 만들어 주는 것입니다. 하지만 우리는 안전대와 방망만 설치하고 작업자가 안전대에만 의지해 이동하고 작업하는 모습을 별다른 의심 없이 당연하다는 듯 바라보고 있습니다.

안전시설과 개인 보호구가 안전에 큰 역할을 하는 것은 맞지만 모든 것을 해결해 주는 안전장치는 아닙니다. 많은 안전시설과 개인 보호구는 사고를 예방하는 장치가 아닌 사고가 발생했을 때 피해를 최소화하기 위한 보조적 기능을 합니다. 따라서 사고 예방이라는 근본적 목적을 달성하기 위해서는 작업자가 안전하게 이동하고 작업할 수 있는 조건과 상황을 만드는 것이 가장 중요한 해결책입니다.

경험에 의한 안전

의외로 안전에 철저한 현장, 이유는?

10여 년 전쯤 안전점검을 위해 방문했던 중규모 건설현장에 관한 또렷한 기억이 하나 있습니다. 공사비가 80억 원 정도 규모인 상가 건물을 짓는 현장이었던 것으로 기억합니다. 지금은 그렇지 않겠지만 그때까지만 해도 이 정도 규모의 건설현장에서 안전시설물을 제대로 갖추고 공사를 진행할 것이라고 기대하기는 어려운 분위기였습니다. 당연히 작업자들의 개인 보호구 착용이나 안전난간 등 시설물에 대해 지적을 하고 대책을 논의하는 데 많은 시간을 사용하겠구나 하는 마음의 준비를 하고 현장에 발을 들였습니다.

그런데 현장을 둘러본 후 다른 유사한 규모의 현장과는 다른 분위기를 느낄 수 있었습니다. 작업자들의 개인 보호구 착용 상태도 좋은 편이었고, 특히 눈에 띄는 점은 이동식 비계의 조립상태였습니다. 그 정도 규모의 다른 건설현장에서 이동식 비계에 안전난간을 제대로 조립하고 사용하는 모습을 찾기란 그 당시에는 드문 일이었고 하다못해 작업 발판도 튼튼한 제품이 아닌 합판을 대충 걸쳐놓고 사용하는 경우도 다반사였습니다. 그런데 이 현장은 이동식 비계 위에 작업 발판은 물론이고 안전난간 역시 2단으로 견고하게 조립된 상태로 사용하고 있었습니다.

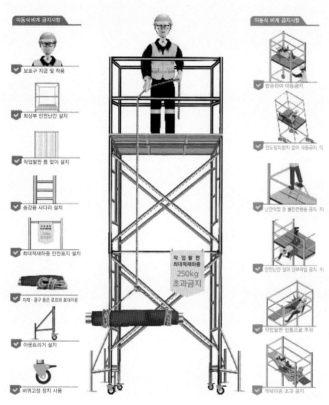

현장 점검을 마친 후에 사무실에서 현장 소장님을 만나서 궁금증을 해소하기 위해 농담 반 진담 반으로 말을 건넸습니다. 외부에서 점검이 나온다니 평소에는 하지도 않는 이동식 비계에 안전난간까지 설치하시느라

고생이 많으셨다고 말입니다. 그랬더니 그 소장님이 내 현장에서 사용하는 이동식 비계에는 꼭 안전난간을 설치한다고 정색을 하면서 말씀을 하시는 것입니다. 그러면서 자신의 사연을 들려주셨습니다.

소장님은 원래 대형 건설회사에서 나름 잘나가는 소장이었다고 합니다. 그런데 어느 날 본인의 현장에서 작업자 한 명이 추락하는 사고가 발생했는데 그 추락사고의 위치가 이동식 비계 위였고, 비계 위에는 안전난간이 설치되지 않은 상태였다고 합니다. 작업자는 금방 끝날 수 있는 작업이라 생각했기에 안전난간을 설치하지 않은 것으로 추정되고, 당시 현장의 분위기도 1단 정도의 높이로 사용되는 이동식 비계의 안전난간에 대해서 까다롭게 관리하지는 않았다고 합니다. 소장 본인도 1단으로 조립된 비계의 높이가 기껏해야 채 2m도 되지 않는데 크게 위험한 시설이라고 생각하지 않았다고 합니다. 하지만 그 위에서 추락사고가 발생했고, 떨어지면서 머리를 다친 작업자는 병원에서 사망하는 결과로 이어졌다고 합니다. 그 사고로 인해 회사에서 인사상 불이익을 받고, 본인도 당분간 현장에서 근무하는 것이 어려워 회사를 그만두고 상당 기간 동안 일하지 않고 지내다가 다시 재취업해 맡은 일이 지금의 현장이라고 합니다. 그리고 현장소장을 맡으면서 중규모인 회사 사장님에게 한 가지 약속을 받았다고 합니다. 자신이 현장에서 안전을 위해 사용하는 금액만큼은 왈가왈부하지 않겠다는 약속 말입니다. 그리고 다른 것은 몰라도 비계와 작업발판에 안전난간을 설치하는 일만큼은 철저하게 지킨다고 이야기하는 모습에서 어떤 신념 같은 것을 느낄 수 있었습니다.

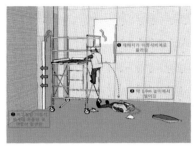

안전보건공단

약이 되는 경험, 독이 되는 경험

사람들은 자신이 겪은 일이 진실이고 전부인 것으로 생각합니다. 그리고 그 생각을 바탕으로 판단하고 행동하게 되는 것 같습니다. 이야기의 소장님처럼 경험을 통해 바람직한 방향으로 생각과 행동이 변하게 되면 좋은 결과로 이어질 수 있습니다. 하지만 이러한 경험이 잘못된 방향으로 작용하면 오히려 옳지 않은 생각을 하게 되고 잘못된 행동으로 이어질 수도 있습니다. 안전하지 않은 잘못된 방식으로 작업을 진행해도 사고가 발생하지 않으면 자신의 작업 방식이 옳다고 생각하는 작업자의 모습을 우리는 현장에서 쉽게 볼 수 있습니다. 그래서 안전을 관리하는 것이 어려운 것 같습니다.

경험은 우리 삶에서 결정을 내리는 데 많은 도움을 주고 강력한 영향을 미치는 것은 분명합니다. 인지심리학자 칼 로저스는 경험은 우리가 결정을 내릴 때 "가장 높은 권위를 지니고 타당성의 기준이 된다"라고 주장합니다. 문제는 그 경험이 항상 믿음직스럽지는 않다는 것입니다. 위 사례처럼 사고의 경험을 통해 안전을 지키는 긍정적인 결과로 이어지는 경우도 있지만, 대부분은 위험한 상황임에도 사고가 벌어지지 않은 경험으로 인해 그 정도는 괜찮다 또는 그 정도는 안전하다는 잘못된 믿음을 갖게 됩니다. 미국 의사결정학과 교수인 로빈 M. 호가스와 행동과학자 엠레 소이야르는 '경험의 함정'에서 "경험을 통해 배운 것이 자칫 오해를 불러일으키거나 치명적 결과를 초래할 가능성으로 이어지는 것이야말로 인간이 학습하고 사고하는 데 가장 큰 걸림돌"이라고 말하고 있습니다. 경험을 통해 배운 것은 무척 믿음직스러워 보이지만 안타깝게도 경험에서 얻은 잘못된 교훈 역시 똑같이 믿음직스러워 보인다는 것이 문제입니다. 경험은 오랜 세월 우리의 생존을 도와준 든든한 아군이었습니다. 하지만 안전에서만큼은 고정관념에 빠져 자신의 판단에 어떤 오류가 있는지 인식하지 못하고 새로움을 받아들이지 못하게 하는 장애물로 작용하는 경우가 많습니다. 유사한 건설현장의 수많은 사고사례를 접하면서도 '그건 그들의 문제이지 내 현장에서 내가 경험한 바로는 그런 사고는 발생하지 않는다'라는 잘못된 믿음과 신념을 갖게 만드는 대부분의 원인이 경험입니다.

경험은 잘 활용하면 우리에게 약이 되지만, 잘못된 경험을 맹신하면 오히려 독이 될 수도 있습니다. 그러므로 많은 회사에서 사고 책임이 있는 직원에 대해 불이익을 주는 등의 방식으로 현장과 회사에서 배제하는 분위기는 바람직하지 않습니다. 사고를 경험한 직원은 자신의 경험으로 인해 위험을 찾고 확인하는 지식과 시야가 넓어지는 경우가 많습니다. 그런데 이렇게 많은 대가를 치른 경험을 활용하지 못하고, 사고라는 결과에만 집중해 직접 경험한 이들을 모두 배척한다면 비슷한 시행착오를 반복할 가능성이 크기 때문입니다. 사고의 원인과 과정, 결과를 잘 살펴 무조건 묻어두는 방향이 아닌 미래의 안전에 활용해야 한다는 의미입니다.

안전을 챙겨야 하는 2미터

2m에 관한 규정들

건설현장에서 떨어짐 등 위험에 대해 자체 규정이나 기준을 만든 것을 보면 2m를 기준으로 한 것들이 많습니다. 그래서 산업안전보건기준에 관한 규칙 중 2m가 기준인 내용을 찾아봤습니다.

규칙의 앞부분에는 통로에 관한 기준에서 관련 내용을 확인할 수 있습니다. 통로에 장애물이 없어야 근로자가 이동 중 부딪힘 등 사고에서 자유로울 수 있기 때문입니다. 이외에도 승강 설비와 조명에 관한 내용도 있어 이동 시 안전을 확보하도록 유도하고 있습니다.

제22조(통로의 설치) ③ 사업주는 통로 면으로부터 높이 2미터 이내에는 장애물이 없도록 하여야 한다. 다만, 부득이하게 통로 면으로부터 높이 2미터 이내에 장애물을 설치할 수밖에 없거나 통로 면으로부터 높이 2미터 이내의 장애물을 제거하는 것이 곤란하다고 고용노동부 장관이 인정하는 경우에는 근로자에게 발생할 수 있는 부상 등의 위험을 방지하기 위한 안전 조치를 하여야 한다.

제29조(천장의 높이) 사업주는 계단을 설치하는 경우 바닥 면으로부터 높이 2미터 이내의 공간에 장애물이 없도록 하여야 한다. 다만, 급유용·보수용·비상용 계단 및 나선형 계단인 경우에는 그러하지 아니하다.

제46조(승강 설비의 설치) 사업주는 높이 또는 깊이가 2미터를 초과하는 장소에서 작업하는 경우 해당 작업에 종사하는 근로자가 안전하게 승강하기 위한 건설작업용 리프트 등의 설비를 설치하여야 한다. 다만, 승강 설비를 설치하는 것이 작업의 성질 상 곤란한 경우에는 그러하지 아니하다.

제49조(조명의 유지) 사업주는 근로자가 높이 2미터 이상에서 작업을 하는 경우 그 작업을 안전하게 하는 데에 필요한 조명을 유지하여야 한다.

다음은 사망사고의 유형 중 건설현장에서 가장 많이 발생하는 떨어짐 사고를 예방하기 위한 규정입니다. 추락을 막기 위한 개인 보호구인 안전대를 활용하도록 규정하고 있습니다.

제32조(보호구의 지급 등) ① 사업주는 다음 각 호의 어느 하나에 해당하는 작업을 하는 근로자에 대해서는 다음 각 호의 구분에 따라 그 작업조건에 맞는 보호구를 작업하는 근로자 수 이상으로 지급하고 착용하도록 하여야 한다.
2. 높이 또는 깊이 2미터 이상의 추락할 위험이 있는 장소에서 하는 작업: 안전대(安全帶)

제44조(안전대의 부착설비 등) ① 사업주는 추락할 위험이 있는 높이 2미터 이상의 장소에서 근로자에게 안전대를 착용시킨 경우 안전대를 안전하게 걸어 사용할 수 있는 설비 등을 설치하여야 한다. 이러한 안전대 부착설비로 지지 로프 등을 설치하는 경우에는 처지거나 풀리는 것을 방지하기 위하여 필요한 조치를 하여야 한다.

> **제336조(조립 등 작업 시의 준수사항)** ② 사업주는 철근조립 등의 작업을 하는 경우에는 다음 각 호의 사항을 준수하여야 한다.
> 2. 작업 위치의 높이가 2미터 이상일 경우에는 작업 발판을 설치하거나 안전대를 착용하게 하는 등 위험 방지를 위하여 필요한 조치를 할 것

다음은 작업 발판에 관한 규정에서 높이가 2m 이상이면 기준을 강화하는 조치를 요구하고 있습니다. 제시된 내용을 보면 발판 폭과 구조적 안전성 등을 강화하도록 해 위험이 커지는 기준을 2m로 설정하고 있음을 알 수 있습니다.

> **제56조(작업 발판의 구조)** 사업주는 비계(달비계, 달대비계 및 말비계는 제외한다)의 높이가 2미터 이상인 작업장소에 다음 각 호의 기준에 맞는 작업 발판을 설치하여야 한다.
> 1. 발판 재료는 작업할 때의 하중을 견딜 수 있도록 견고한 것으로 할 것
> 2. 작업 발판의 폭은 40센티미터 이상으로 하고, 발판 재료 간의 틈은 3센티미터 이하로 할 것. 다만, 외줄비계의 경우에는 고용노동부 장관이 별도로 정하는 기준에 따른다.
> 3. 제2호에도 불구하고 선박 및 보트 건조작업의 경우 선박 블록 또는 엔진실 등의 좁은 작업공간에 작업 발판을 설치하기 위하여 필요하면 작업 발판의 폭을 30센티미터 이상으로 할 수 있고, 걸침비계의 경우 강관 기둥 때문에 발판 재료 간의 틈을 3센티미터 이하로 유지하기 곤란하면 5센티미터 이하로 할 수 있다. 이 경우 그 틈 사이로 물체 등이 떨어질 우려가 있는 곳에는 출입금지 등의 조치를 하여야 한다.
> 4. 추락의 위험이 있는 장소에는 안전난간을 설치할 것. 다만, 작업의 성질상 안전난간을 설치하는 것이 곤란한 경우, 작업의 필요상 임시로 안전난간을 해체할 때에 안전 방망을 설치하거나 근로자로 하여금 안전대를 사용하도록 하는 등 추락위험 방지 조치를 한 경우에는 그러하지 아니하다.
> 5. 작업 발판의 지지물은 하중에 의하여 파괴될 우려가 없는 것을 사용할 것
> 6. 작업 발판 재료는 뒤집히거나 떨어지지 않도록 둘 이상의 지지물에 연결하거나 고정시킬 것
> 7. 작업 발판을 작업에 따라 이동시킬 경우에는 위험 방지에 필요한 조치를 할 것
>
> **제67조(말비계)** 3. 말비계의 높이가 2미터를 초과하는 경우에는 작업 발판의 폭을 40센티미터 이상으로 할 것

대형사고의 원인이 되는 붕괴에 관한 규정에서도 2m가 기준인 내용을 찾을 수 있습니다. 굴착되는 지반과 거푸집 동바리의 붕괴를 예방하기 위한 내용으로 다음과 같습니다.

제38조(사전조사 및 작업계획서의 작성 등) ① 사업주는 다음 각 호의 작업을 하는 경우 근로자의 위험을 방지하기 위하여 별표 4에 따라 해당 작업, 작업장의 지형·지반 및 지층 상태 등에 대한 사전조사를 하고 그 결과를 기록·보존하여야 하며, 조사 결과를 고려하여 별표 4의 구분에 따른 사항을 포함한 작업계획서를 작성하고 그 계획에 따라 작업을 하도록 하여야 한다.
6. 굴착면의 높이가 2미터 이상이 되는 지반의 굴착작업(이하 "굴착작업"이라 한다)

제332조(거푸집 동바리 등의 안전 조치) 7. 동바리로 사용하는 강관[파이프 서포트(pipe support)는 제외한다]에 대해서는 다음 각 목의 사항을 따를 것
가. 높이 2미터 이내마다 수평연결재를 2개 방향으로 만들고 수평연결재의 변위를 방지할 것
나. 멍에 등을 상단에 올릴 경우에는 해당 상단에 강재의 단판을 붙여 멍에 등을 고정시킬 것

떨어질 위험이 있는 높이

산업안전보건기준에 관한 규칙에 2m를 기준으로 제시하는 다양한 내용은 떨어짐 즉 추락 예방 목적이 많습니다. 2m 이상의 높이에 작업자가 이동하거나 작업을 할 때 폭 40cm 이상의 발판과 통로를 확보하고, 작업자는 안전대 착용 등 추락에 대비한 개인 보호구를 착용하도록 규정하고 있습니다. 여기에 시야를 확보하고 안전하게 작업할 수 있도록 조명을 확보하라는 친절한 조항까지 있습니다. 그렇다면 왜 추락 예방을 위한 기준을 2m로 설정했을까요? 정확한 이유와 과학적 근거는 알 수 없지만 아마도 2m 이상 높이부터 사람이 떨어질 경우 큰 피해를 입을 수 있기 때문일

것입니다. 실제로 2m가 채 되지 않는 1.8m 높이의 이동식 비계에서 떨어진 작업자가 사망하는 경우도 심심치 않게 발생하기 때문에 2m는 추락사고에서 상당히 위험한 높이입니다.

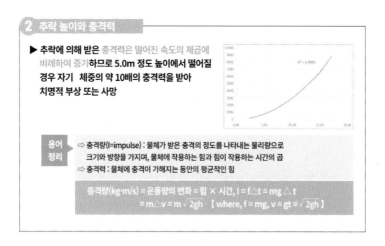

▶ 추락 발생 시 물리적 현상

① 추락 높이와 시간 경과

▶ 떨어질 때의 속력은 경과시간에 비례하여 증가하게 되므로 떨어질 때의 속력은 아래 표에서 보는 바와 같이 빠른 속력으로 증가하며 떨어짐

떨어진 높이에 따른 추락 경과시간과 속력

떨어진 높이(m)	0.3	1.2	1.8	2.7	4.9	7.6	11.0	14.9
추락 경과 시간(초)	0.25	0.49	0.61	0.74	1.00	1.25	1.50	1.74
속도(m/s)	2.42	4.85	5.94	7.27	9.80	12.20	14.68	17.09
속력(km/h)	8.73	17.46	21.38	26.19	35.28	43.94	52.86	61.52

Q. 1sec 동안 떨어지는 높이는? ▶ A. 4.9m

Q. 30.5m 추락하는데 걸리는 시간은? ▶ A. 2.49sec

② 추락 높이와 충격력

▶ 추락에 의해 받은 충격력은 떨어진 속도의 제곱에 비례하여 증가하므로 5.0m 정도 높이에서 떨어질 경우 자기 체중의 약 10배의 충격력을 받아 치명적 부상 또는 사망

용어 정리
⇨ 충격량(I=impulse) : 물체가 받은 충격의 정도를 나타내는 물리량으로 크기와 방향을 가지며, 물체에 작용하는 힘과 힘이 작용하는 시간의 곱
⇨ 충격력 : 물체에 충격이 가해지는 동안의 평균적인 힘

충격량(kg·m/s) = 운동량의 변화 = 힘 × 시간, $I = f \triangle t = mg \triangle t$
$= m \triangle v = m\sqrt{2gh}$ 【 where, $f = mg$, $v = gt = \sqrt{2gh}$ 】

▶ (재해 사례 예시) 안전모를 착용하지 않은 근로자(체중 72kg)가 높이 3m의 말비계에서 떨어져 머리가 먼저 바닥에 닿는 경우

⇨ 추락속도 = $\sqrt{2gh}$ = $\sqrt{(2 \times 9.8 \times 3)}$ ≒ 7.7[m/s]
⇨ 충격량 = 72kg × 7.7m/s = 554[kg·m/s]
⇨ 554 > 500 (인간 두개골 내 충격력)

⇨ 추락속도 = $\sqrt{(2gh)}$ ← mgh=1/2 mv²
⇨ 추락시간 = $\sqrt{(2h/g)}$ → h = 1/2 gt²
⇨ 충격량: 운동량의 변화량, 운동량(P)=mv
⇨ 충격력: 물리적 손상을 입히는 요인
　- 충격력(N)=P/Δt(충돌시간 ↑, 충격력 ↓)

안전보건공단

앞 사례는 3m 높이에서 떨어질 때 예상되는 충격력은 인간의 머리가 견뎌낼 수 있는 충격력보다 커져 머리에 손상을 입고 사망할 수 있음을 수식을 통해 확인시켜 줍니다. 실제 사고사례를 보면 2~3m 높이에서 떨어진 사망사고가 가장 많습니다. 한 뉴스에서 분석한 내용을 보면 전체 추락사고 67건 가운데, 59%가 5m 이하 높이에서 난 사고였고, 2m 이하 높이에서 난 사고가 20%에 달한다고 보도하고 있습니다[*]. 사고는 다양한 방식으로 일어나고, 사람 또한 신체조건 등이 다르기 때문에 사고마다 같은 결과일 순 없습니다. 마찬가지로 특정 높이 이하는 사망사고에서 안전하다고 마음을 놓을 수 없습니다. 그리고 머리가 아닌 다른 부위를 다치는 경우에도 큰 손상이나 사망에 이를 수 있습니다. 2m는 산업안전보

---

[*]　90cm, '이것' 없으면 위험한 높이일 수 있다…중대재해법 100일 분석, 2022.5.9.
　　https://news.kbs.co.kr/news/view.do?ncd=5458143

건기준에 관한 규칙에서 여러 추가 기준을 설정할 정도로 위험한 높이입니다. 2m뿐만 아니라 현장의 위험 중 특정 기준을 설정해 조금 더 관심을 가지고 살피고, 집중 관리하는 것도 중대재해를 막는 방법 중 하나입니다.

고소작업대 사고

반응속도란?

반응속도_{반사속도}는 자극에 반응하여 행동까지 걸리는 시간을 말합니다. 인간의 반응속도를 측정하는 테스트를 하면 일반적으로 0.25~0.3초 정도의 결과를 얻을 수 있다고 합니다. 그리고 세계적인 100미터 단거리 육상선수인 경우에는 0.15초의 반응속도로 스타트를 한다는 기록도 있습니다. 우리나라에서 육상 국가대표 선수들에게 삐 소리를 들려준 뒤 그 소리를 듣고 손으로 버튼을 누르는 실험을 한 결과 여자선수는 0.229초, 남자선수는 0.217초라는 반응속도 결과를 얻었다는 기록이 있습니다. 이는 어디까지나 일반인이 아닌 육상선수들의 기록이고, 또 반응속도를 측정한다는 것을 인지한 상태에서 진행한 실험 결과입니다.

그렇다면 건설현장에서 일하는 작업자는 어느 정도의 반응속도를 보일까요? 반응속도 테스트를 한다는 것을 아는 상태에서 진행한 실험의 결과가 0.3초 정도이기 때문에 실생활에서는 이보다 더 느린 반응속도를 보일 것이 분명합니다. 사람에 따라 그리고 연령에 따라 반응속도는 다르겠지만 기존 실험결과와 선수들의 반응속도를 고려하면 0.4~0.5초 정도가 될 것이라고 예상할 수 있습니다. 이 글을 쓰면서 어느 정도일지 인터넷에서 제공하는 반응속도 테스트를 해보니 평균 0.4초 정도가 나왔습니다. 여러분도 인터넷에서 제공하는 테스트로 자신의 반응속도를 확인해보는 것도 재미있을 것 같습니다. 검색창에 '반응속도 테스트'라고 쓰고 검색해보면 다양한 검사를 무료로 할 수 있습니다.

http://aiselftest.com/reactiontime/selftest.html

뜬금없이 반응속도 이야기를 하는 이유는 건설현장과 별로 관련이 없을 것 같은 이 단어가 사고와 관계가 있기 때문입니다.

http://ppjs119.bizdaara.com/ppjs119

제원 및 사양

모델		단위	SSL-1432	SSL-1932	SSL-2046	SSL-2646	SSL-3370	SSL-4070
높 이	최대 작업 높이	m	6.45	7.8	8.07	9.9	12	14
	작업대 최대 높이	m	4.45	5.6	6.07	7.9	10	12
	작업대 최소 높이	m	0.9	1.0	1.01	1.16	1.6	1.87
	난간대 높이	m	1.02	1.02	1.1	1.1	1.05	1.05
크 기	길 이	m	1.68	1.68	2.26	2.26	3.3	3.3
	폭	m	0.82	0.82	1.17	1.17	1.78	1.78
작업대	외곽 치수	m	0.74 × 1.56		1.15 × 2.16		1.49 × 3.3	
	작업대 연장길이	m	0.92	0.92	0.92	0.92	1.2	1.2
적재 용량	최대	kg	270	227	500	390	680	340
	연장 작업시	kg	113	113	136	136	156	156
축간거리		m	1.32	1.32	1.73	1.73	2.55	2.55
윤 거		m	0.72	0.72	1.05	1.05	1.49	1.49
지상고		m	0.08	0.08	0.08	0.08	0.19	0.19
회전반경	내 측	m	1.44	1.44	2.12	2.12	3.35	3.35
	외 측	m	1.74	1.74	2.74	2.74	4.85	4.85
주행속도	상승 주행 속도	km/hr	0.8	0.8	0.8	0.8	0.9	0.9
	저 속	km/hr	2	2	1.8	1.8	0.9	0.9
	고 속	km/hr	3	3	2.5	2.5	2.8	2.8
	등판능력	%	20(11° 19′)	20(11° 19′)	20(11° 19′)	20(11° 19′)	25(14°)	25(14°)
상승/하강속도		sec	30/48	30/48	49/50	49/50	60/50	60/50
배터리			24V(4 × 6V220AH)		24V(4 × 6V220AH)		24V(8 × 6V220AH)	
충전기			1 Ø × 220V, 60Hz					
통타이어			300-8		400-8		27 × 10-12	
구동방식		kg	전류유압				후륜전동	
브레이크			유압식				전기식	
자 중		kg	1040	1102	2000	2280	3700	4000

※ 위 제품의 사양과 Color는 제품의 성능 향상을 위하여 예고없이 변경 될 수 있습니다.

위에 보이는 표 내용은 현장에서 흔히 렌탈이라고 불리는 고소작업대에 관한 것입니다. 건물의 층고가 높아지고, 각종 전기 · 설비 공사가 많아지면서 사람의 힘으로 이동하고 조립할 필요가 없는 고소작업대를 사용하는 일이 빈번해지고 있습니다. 사용이 많아진다는 것은 사고도 같이 늘어날 가능성이 높아진다는 이야기입니다. 고소작업대에서 이런저런 사고가 발생하는데 그중에서 작업대 난간에 머리가 끼어 발생한 사고는 많은 사람의 의문을 자아내게 합니다. 고소작업대라는 건설장비는 탑승자 본인이 작동하는 방식인데 어떻게 자신의 머리가 끼이는 것에 반응하지 못하고 그대로 작업대를 움직이다가 사고가 나느냐는 것이 의문의 내용입니다.

고소작업대에 머리가 끼는 사고는 크게 두 유형으로 발생합니다. 하나는 고소작업대를 상승시킨 상태에서 움직이다가 건물의 보와 같이 튀어나온 구조물을 확인하지 못하고 머리가 끼는 사고이고, 다른 하나는 작업대 안전난간 주변에 작업자 머리를 위치한 상태에서 작업대를 상승시키다가 머리가 끼어 발생하는 형태입니다.

첫 번째 사고는 사실 기본적인 안전조치를 지키지 않은 것이 가장 큰 원인이라고 볼 수 있습니다. 고소작업대는 작업대가 상승된 상태에서 주행이 불가능하도록 안전장치가 부착되어 있습니다. 이 안전장치는 사진처럼 눌리지 않은 상태에서는 작업대 바퀴가 움직이지 않도록 해 주행을 막습니다. 하지만 씨저 즉 가위 형태의 승강작동부가 접힌 상태로 아래로 내려오면 주행방지장치를 누르게 되고, 안전장치가 풀리면서 주행이 가능한 상태로 바뀝니다.

주행방지장치의 목적은 작업대를 상승시키면 장비의 무게중심이 위에 위치하고, 이동 중 작은 흔들림 등에도 쉽게 넘어질 수 있기 때문에 작업대가 올라간 상태에서는 움직이지 못하게 하는 장치입니다. 따라서 주행 중에 머리가 구조물에 부딪히거나 끼이는 사고는 안전장치를 훼손해서 작업대가 상승된 상태에서 발생하는 경우가 대부분입니다. 정상 작동하는 안전장치를 일부러 고장 낸다거나 장치가 계속 눌린 상태가 되도록 테이프나 케이블타이로 묶어 놓는 등의 어이없는 행위를 하곤 합니다. 이런 사고를 예방하기 위해서 안전장치의 부착과 작동 여부를 확인해 작업대를 올린 상태에서 주행하지 못하도록 관리해야 합니다.

반응속도와 사고의 관계

다른 형태의 사고는 안전장치를 훼손하지도 않은 상태에서 정상적인 방법으로 작업대를 상승시키다 머리가 끼는 경우인데 이런 사고는 이해하기 어렵다는 반응을 보이는 경우가 많습니다. 내 머리에 뭔가 다른 물체나 구조물이 닿는다면 당장 작동을 멈추면 되지 자기 머리가 큰 충격을 받을 때까지 그대로 작업대를 상승시키는 상황을 이해하기 어렵다는 것입니다. 이런 의문을 이해하는 데 앞서 살펴봤던 반응속도가 작용하게 됩니다.

일반인들의 반응속도가 0.3~0.4초라고 했던 것을 기억하시나요? 그렇다면 위에 나와 있는 고소작업대의 상승 속도를 한번 보겠습니다. 기종별로 상승 속도가 1초당 16~57cm로 설명하고 있습니다. 중간 속도인 30을 기준으로 생각하면 사람의 반응속도인 0.4초 동안 12cm를 상승한다는 것입니다. 따라서 작업대를 조작하는 사람이 자신의 머리에 뭔가 닿았

안전보건공단, 고소작업대 설치사용 가이드

다고 느끼고 멈춤 버튼을 누르는 시간까지 이미 작업대는 12cm가 올라갔다는 의미입니다. 좀 거칠게 얘기하면 내 머리가 그만큼 눌린다는 것이고, 이런 상태면 사망으로 이어질 수 있는 충격과 압력이 될 것입니다. 물론 이런 위험에 대비한 안전장치가 있습니다.

위 사진처럼 고소작업대에 설치되는 과상승방지장치는 일정 높이 이상 작업대가 상승해 방지장치 센서 등에 접촉하면 작업대의 상승이 멈추게 하는 장치입니다. 장치의 형태는 사진에 보이는 것처럼 수평 막대 형태의 안전바와 수직 막대 형태의 리미트 스위치 방식이 주로 사용됩니다. 안전바 형태는 빈틈없이 네 방향의 과상승을 막을 수 있다는 장점이 있지만, 작업자가 서 있는 높이보다 높게 설치하기 어렵다는 단점이 있습니다. 그리고 현실적인 어려움으로 전기·설비작업에서 흔히 사용되는 길이가 긴 자재를 난간에 기대거나 올려놓을 수 없어 현장에서 활용도가 떨어집니다. 반면에 리미트스위치 방식은 높이 조절이 자유롭고 긴 자재를 올려놓는 것도 문제가 없습니다. 하지만 스위치가 고정된 작업대 구석 네 부분의 높이만을 감지할 수 있기 때문에 중간 빈틈에서 발생하는 사고를 막을 수 없다는 단점이 있습니다. 어떤 안전장치를 사용한다 하더라도 장비를 운행하는 작업자가 항상 작업대 안쪽에 위치해 고소작업대를 조정하고, 가능하면 작업대의 운행이나 상승 속도를 느리게 한다면 사고를 막을 수 있습니다. 하지만 이런 장치들을 작업에 걸리적거리고 방해가 된다는 이유로 높이를 낮추거나 제거한 상황에서 사고가 발생하곤 합니다.

고소 작업대 상승 중 구조물에 끼임

재해개요

발생형태	부상 정도	연령	동종경력
끼임	사망 1명	만34세	일용직

2022. 05.00(일) 00:00경 밀양시 소재 OO공장 지붕교체공사현장에서 재해자가 작업을 위해 시저형 고소작업대에 탑승하여 케이지 상승 중, 난간대와 지붕 구조물에 머리가 끼어 사망한 재해임

작업상황

비정상 작업

- **(정상)** 유사 시 고소작업대 과상승방지장치의 정상작동이 가능토록 적정 높이 및 동작여부 확인

- **(비정상)** 작업 편의를 위한 과상승방지장치 설치 높이를 낮추어 동작하지 않도록 조치

< 과상승방지장치 설치상태 불량 >

발생원인

❶ 직접원인
- **(방호장치 설치상태 불량)** 고소작업대 상승 시 끼임을 방지하기 위한 과상승방지장치를 부적절한 상태로 설치하여 과상승 시 작동하지 아니함

❷ 기여요인
- **(작업계획서 미작성)** 차량계 하역 운반기계인 고소작업대를 사용하는 경우 끼임 등의 위험방지를 위한 작업계획서를 작성하여야 하나 미작성

예방대책

❶ 방호장치의 적정 설치 및 상태유지(점검)
- 과상승방지장치를 적정 높이에 설치하여 상부 구조물 등에 접촉 시 상승이 멈출 수 있도록 조치하여야 함
- 또한 작업편의를 위해 임의로 과상승방지장치의 설치높이를 낮추지 않고, 작업 시작 전 또는 작업 중 적정한 상태인지 점검·확인 하여야 함

❷ 작업계획서 작성 및 준수
- 고소작업대 사용 시 끼임 등 위험예방대책을 포함하는 작업계획서를 작성하고 그 계획에 따라 작업하여야 함

고용노동부   안전보건공단

https://www.kosha.or.kr/kosha/data/construction.do?mode=view&articleNo=435099&article.off
set=0&articleLimit=10&srSearchVal=%EA%B3%A0%EC%86%8C%EC%9E%91%EC%97%8
5%EB%8C%80&srSearchKey=article_title

사람이 가지고 있는 기본적인 한계나 심리적 특징, 결함, 단점 등을 이해하지 못하고, 작업의 특징적인 위험을 확인하지 못해 발생하는 사고가 있습니다. 이런 사고는 모든 책임이 사고를 당한 사람에게 돌아가는 결과로 마무리되는 경우가 간혹 있습니다. 하지만 유사한 사고가 되풀이되지 않도록 하기 위해서는 사람인 작업자의 능력과 작업의 특성을 있는 그대로 인정하고 이해해야 합니다. 특히 사람의 기본 능력을 이해하고 사람의 실수를 무조건 비난하지 않아야 합니다. 실수로 보이는 불안전한 행동은 언제나 일어날 수 있다는 기본 전제하에 안전을 준비하고 작업의 특징적인 위험에 대처하는 것이 바람직합니다.

건설현장 화재사고

국내 건설현장 대형 화재사고

1998.10 부산 냉동창고 건설현장 화재 27명 사망, 16명 부상

2008.1 경기 이천 물류센터 건설현장 화재 40명, 10명 부상

2013.11.26 서울 구로구 복합건물 화재 2명 사망, 2명 부상

2014.5.26 경기 고양시 고양종합터미널 화재로 9명 사망, 60명 부상

2016.3.28 서울 강서구 오피스텔 화재 2명 사망, 8명 부상

2016.9.10 경기 김포 주상복합 현장 화재로 4명 사망하고 2명 의식불명

2020.4 경기 이천시 물류센터 건설현장 화재 38명 사망, 10명 부상

　위에 보이는 날짜와 이름, 인명 피해는 인터넷 등에서 검색하면 확인할 수 있는 대표적인 건설현장 화재사고를 정리한 내용입니다. 특히 이 사고들은 발화 원인이 단열재에 용접 불티가 튄 것이라는 공통점이 있습니다. 사망자가 발생하고 언론의 조명을 받은 것만 정리해도 이 정도이니 조기에 진화되고 인명 피해가 발생하지 않은 크고 작은 화재사고를 모은다면 무시하지 못할 빈도를 보인다고 추정할 수 있습니다.

　그렇다면 피해도 크고 발생 가능성도 큰 용접과 단열재에 의한 화재사고가 계속해서 발생하는 이유는 뭘까요? 가장 큰 이유 중 하나는 건설현장의 관리감독자와 작업자가 단열재에 대해 오해하고 있기 때문으로 생

각됩니다. 건설현장에서 주로 사용되는 단열재는 스티로폼으로 불리는 폴리스티렌에 철판을 붙이는 등 불이 잘 붙지 않도록 처리한 제품과 우레탄 등입니다. 건설현장에서 단열을 위해 많이 사용되는 이러한 단열 소재는 준불연재 내지는 난연재라는 이름을 달고 나오기 때문에 많은 사람들이 화재의 위험이 없는 자재인 것으로 생각하는 경우가 적지 않습니다.

건설현장에서 사용되는 각종 자재는 화재에 대한 시험결과에 따라 등급을 불연재, 준불연재, 난연재*로 나눠 표기되는데 가장 중요하고 잊지 말아

---

* 난연 등급에 따른 대표적인 건설재료와 단열재는 불연재료(콘크리트, 석재, 벽돌, 철강, 유리, 알루미늄, 그라스울, 미네랄울), 준불연재료(석고보드, 목모시멘트판, 펄스시멘트판, 미네랄텍스, PF보드, 준불연EPS), 난연재료(난연합판, 난연플라스틱판, 경질우레탄보드)가 있습니다. 재료의 성능 기준은 '건축자재 등 품질인정 및 관리기준' 중 '제6장 건축물 마감 재료의 성능 기준 및 화재 확산 방지구조'에서 확인할 수 있고, 자재에 표기가 되어있으니 사용하는 단열재가 어떤 등급인지 사용

야 할 것은 우레탄과 같은 단열재는 불이 붙어서 화재가 발생할 수 있다는 사실입니다. 난연 등급이나 난연재와 같은 이름으로 화재의 가능성이 적은 것 같은 느낌을 받을지 몰라도 실제는 절대 그렇지 않다는 것입니다.

또 다른 문제는 잘못된 경험이 잘못된 확신을 준다는 것입니다. 건설현장의 경험이 많으면 많을수록 단열재 주변에서 용접작업이 진행되는 것을 많이 봐왔지만 그런 작업에서 화재가 발생하는 것을 본 경험이 대부분 없기 때문에 이에 대한 위험성을 느끼지 못하는 것입니다.

단열재는 불이 붙지 않을까

앞서 얘기한 대로 단열재는 대부분 난연재 내지는 준불연재입니다. 이름 그대로 불이 잘 붙지 않는다는 것이지만 불이 절대 붙지 않음을 보장한다는 의미는 아닙니다. 최근 단열재로 많이 사용되는 재료나 자재들은 실제 불이 잘 붙지 않습니다. 화재에 대해 현장에서 이야기를 나누다 보면 호기심 많은 사람들은 라이터를 이용해서 단열재에 얼마나 불이 잘 붙는지 시험해 본 경험을 말하곤 합니다. 라이터를 가지고 단열재에 불을 붙여보는 시험을 자신이 해봤지만 절대 불이 붙지 않았다고 단열재의 불연성에 대해 호언장담하는 경우도 있습니다. 이 모든 것은 단열재가 가지고 있는 특성을 이해하지 못한 결과입니다.

전 확인이 필요합니다. 각 등급은 특정 조건에서 성능시험 결과를 만족한다는 것으로 등급에 해당한다고 해서 화재의 위험이 전혀 없다는 의미는 아니므로 오해하지 않아야 합니다.

단열재로 많이 사용되는 우레탄을 대상으로 실험**한 내용을 살펴보면 낮은 온도에서는 불이 잘 붙지 않으나 500℃가 넘는 온도에서는 작은 불씨로도 화재가 발생하는 것으로 나타났으며, 용접 불꽃이 단열재 안으로 파고드는 경우에는 서서히 연소되면서 일정 시간 이후에는 급격히 발화하는 모습이 확인***되었습니다. 현장에서 라이터를 이용한 실험으로는 단열재 전체를 발화가 시작되는 온도까지 상승시키기 어렵습니다. 단열재 온도를 500℃까지 올리려면 라이터를 잡고 있는 손은 어떻게 되겠습니까? 하지만 아크용접의 경우 최고 5,000~6,000도의 온도가 발생하기 때문에 주변에 단열재가 있다면 축열로 인한 화재위험이 커지는 것이고, 이렇게 온도가 상승한 부위에 작은 용접 불꽃이 튄다면 화재로 이어질 수 있는 환경이 되는 것입니다.

또 하나 현장에서 착각하는 것은 용접작업 중 화재의 위험이 있는 경우는 용접 불꽃이 아래로 떨어지면서 바닥에 놓여있는 자재에 불이 붙는 것으로 생각하는 것입니다. 앞서 살펴본 화재사고는 배관용접을 하던 도중에 천정에 설치된 단열재에 불이 붙은 사례가 많습니다. 따라서 용접 불꽃에 의한 단열재 화재사고를 예방하기 위해서는 용접작업 장소 주변에 불

** 산업용 단열재의 화재위험 특성에 관한 연구, 산업안전보건연구원, 1999.

*** 한국산업안전보건공단의 '단열재에 의한 화재를 예방하기 위한 기술자료(OPL)'에 의하면 단열재(우레탄 폼 등)는 한번 불이 붙으면 폭열을 일으키며 연소하는 특성, 특히 1,000℃ 이상의 용접 불티는 우레탄 속으로 파고 들어가 서서히 연소하고 일정 시간이 경과되어 발화되면 급속히 확산하는 것으로 소개하고 있습니다.

꽃비산방지포를 설치하고, 아래 그림과 같이 단열재가 천정에 설치된 경우에도 못 등으로 고정하여 불꽃이 단열재에 접촉·침투하지 않도록 조치하는 것입니다. 물론 용접작업 중 발생하는 불꽃은 최대 20m 정도의 거리까지 날아가기 때문에 건물 외부에 설치된 단열재에 옮겨붙지 않도록 조치하는 것도 반드시 필요합니다.

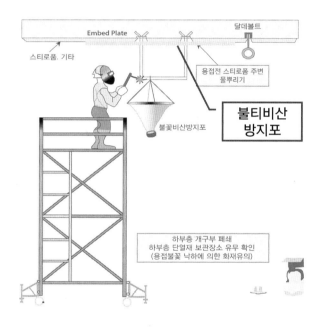

다른 사고도 피해가 크기는 마찬가지겠지만 단열재에 의한 화재사고는 인명 및 재산피해가 크다는 것이 특징입니다. 단열재에 발화가 시작되면 급격히 확산되고 화재가 진행되는 동안 앞을 확인할 수 없을 정도로

검은 연기가 엄청나게 많이 발생하는 특징으로 인해 대피가 용이하지 않으며, 동시에 유독성 가스가 발생하여 질식에 의한 인명피해가 커지게 됩니다. 또한, 건축물 화재 이후에는 다량의 화재폐기물을 처리해야 하고, 건축물의 구조진단을 통해 보강을 해야 하는 등 물질적, 시간적 피해가 다른 사고와 비교해도 상당히 크다고 볼 수 있습니다.

건설현장 화재 예방을 위해 가장 먼저 해야 하는 일은 용접 작업자에게 화재 발생 과정과 위험성을 이해시키고 인식하도록 하는 것입니다. 그리고 불티비산방지포와 소화기를 포함한 용접작업 준비상태를 확인하고, 준비가 되지 않은 작업자는 준비가 될 때까지 작업을 시작할 수 없다는 인식을 심어줘야 합니다. 화재가 어떤 방식으로 시작되는지 작업자가 이해해야 이를 예방하는 불티비산방지포를 정확한 위치에 올바른 방식으로 설치할 수 있습니다. 또한, 의외로 현장에서 일하는 작업자가 소화기를 사용하는 방법을 모르는 경우가 있으므로 소화기 사용법 교육도 필요합니다. 최근에는 화재의 위험성이 강조되면서 현장에 화재감시자의 배치가 늘어나고 있습니다. 아직은 임금 부담을 줄이기 위해 작업에 대한 지식이 적은 아르바이트생이나 여성 근로자 위주로 배치하는 것이 현실이지만 이들에게 적절한 교육과 책임, 의무 등을 부여해 실질적인 안전 활동으로 이어지도록 여건을 마련해주는 것도 필요합니다.

김여사와 아차사고

안전운전을 선호하는 여성

김여사라는 단어, 이름을 들어보셨나요?

2005년부터 인터넷에서 사용된 용어입니다. 여성들이 운전을 잘하지 못한다는 편견에서 비롯된 용어로 도로 위에서 일반적이지 않은 움직임을 보여주는 차량을 보면 김여사가 차를 몰고 나와서 이런 정상적이지 않은 일이 벌어졌다는 의미로 사용되었고 지금도 간혹 사용되곤 합니다. 물론 이런 혐오표현을 사용하는 것은 바람직하지 않습니다.

이 말이 본격적으로 확산하기 시작한 계기는 이명박 정부 시절인 2010

년부터 난이도가 하락한 운전면허 시험이 시행된 것이 결정적이었다는 의견도 있습니다. 실제 이 해에 도로 운전에 필수적인 난이도 높은 시험 종목이 삭제되었고, 남아 있던 종목도 일부 운전면허 학원에서는 시험을 대충 처리해서 자격 미달의 운전자들이 도로에 쏟아져 나오고 있다는 기사도 있었습니다.

이상한 운전면허 시험...시험관이 쪽집게 강사?

운전면허 시험 간소화 부작용

✉ 작성 2012.01.31 07:36   조회 5,405

＜앵커＞

운전면허 시험이 이상할 정도로 쉬워졌습니다. 시험관이 답을 다 가르쳐주고 있었습니다.

https://news.sbs.co.kr/news/endPage.do?news_id=N1001077212

도로에서 이상한 움직임을 보이는 차량에 대해 여성들이 운전할 것이라는 편견으로 김여사가 도로에 나왔다는 표현은 차별에 의한 것으로 적절하지 않지만, 여성과 남성 사이에 일반적인 차이가 있는 것은 사실로 받아들여지고 있습니다.

남자와 여자는 서로 다른 "뇌 구조"를 가지고 있다고 합니다. 남성 호르몬은 우뇌를 자극하는데 우뇌가 발달하면 공간 인지능력과 방향감각이 좋아집니다. 이와 달리 여성 호르몬은 좌뇌를 자극하고 이는 감정을 관장하는 능력을 발달시킵니다. 운전에서 이 차이가 가장 극명하게 드러나는 것이 바로 주차입니다. 공간 인지능력이 뛰어난 남성은 사물을 바라볼 때도 어떤 구조로 사용되는지, 어떠한 시스템에 의해 작동하는지를 빨리 인지하고 체계화해 좁은 도로나 주차장에서 자동차를 보다 쉽게 작동할 수 있다고 합니다.

하지만 이에 대한 다른 시각도 있습니다. 2010년 자동차부품연구원에서 진행한 실험*의 주장이 흥미롭습니다. 차량 시뮬레이터에 앉아서 다양한 돌발상황을 통해 운전자의 뇌파가 어떻게 반응하는지 주행형태를 파악하는 실험을 통해 운전할 때 활성화되는 뇌파의 차이를 살펴봤는데 남녀가 확연히 달랐습니다. 뇌파의 진동 폭이 남성보다 여성이 훨씬 적었습니다. 다시 말해 여성이 운전을 못 하는 게 아니라 주변에 민감하게 반응하는 만큼 안전운전을 선호한다는 주장입니다. 2017년 영국 자동차 전문 포털 카렌탈스 UK에서 운전에 대한 남녀의 개념 차이를 보여주기도 했습니다. 이에 따르면 남성이 여성보다 운전 중 과태료 부과율이 높고, 벌점도 더 많다고 주장했습니다. 한 번 이상 교통사고에 연루된 비율도 남성이 57%인 반면 여성은 44%였고, 속도위반 단속에 걸린 남성은 여성보다 15% 더 많았습니다. 특히 65세 이상 남성의 60%는 교통사고를 낸 경험이 있지만 같은 또래의 여성은 30%에 불과했습니다. 위와 같은 결과를 살펴보면 여성이 남성보다 공간 인지능력이 부족한지는 모르겠지만 안전하게 운행하는 것은 확실한 것 같습니다.

---

* KBS2 감성다큐 미지수 '여자는 남자보다 운전을 못한다?', 2010.1.16.

잘못될 가능성은 만들지 않기로

제 아내는 오래전부터 운전을 했습니다. 경력이 오래된 만큼 운전 실력에 대해서는 불만이 없습니다. 다만 도로를 주행하는 것과는 별개로 차를 끌고 나간 동안 이루어지는 행동 중 거슬리는 점이 하나 있습니다. 그건 주차와 관련된 일입니다. 아내가 자주 이용하는 동네의 마트가 있는데 이곳의 위치가 조금 애매합니다. 장을 본 후 물건을 들고 걸어오기에는 집에서 조금 먼 거리에 위치해 있는데 아쉽게도 마트에 주차 공간이 없습니다. 물건을 구입하기 위해 차로 이동하면 주차할 공간을 찾지 못해 주변을 배회하거나 아니면 주변 골목에 불법주차를 할 수밖에 없는 상황이 됩니다. 그나마 둘이 같이 가게 되는 경우에는 한 사람이 장을 보는 동안 잠시나마 주정차를 할 수 있는 위치에서 대기하다가 장보기가 끝나면 마트 앞에서 만나 짐을 싣고 이동하는 방법을 이용하면 됩니다. 하지만 평일처럼 아내가 혼자 장을 보는 경우에는 골목에 무단주차를 하게 되는 경우가 있습니다. 혼자 골목에 주차를 하든 불법주차를 하든 그런 일에 뭐 그리 신경을 쓰냐고 이야기하실 분도 계실 것 같은데 간혹 저에게 걸려오는 전화가 문제입니다.

차량 한 대를 부부가 같이 사용하는 분들은 이해하시겠지만 차 앞 대
시보드에 적어놓는 연락처가 문제의 발단입니다. 같이 사용하는 차이기

때문에 아내와 저의 휴대전화 번호를 같이 적어 대시보드에 올려놓습니다. 그런데 간혹 마트에 장을 보러 간 아내가 주변 골목에 불법주차를 한 경우에 불편함을 느낀 사람이 화가 난 상태로 저에게 전화를 하는 경우가 있습니다. 그렇게 되면 영문도 모르는 저는 단단히 뿔이 난 상태인 목소리를 아무런 대비도 없이 응대하게 되는 것입니다. 당연히 저도 이런 성난 목소리를 듣게 되면 기분이 좋을 리가 없습니다. 이 사람은 뭔데 갑자기 전화를 걸어 다짜고짜 성질부터 부리나 순간적으로 화가 치밀어 오르지만 '차 좀 빼주세요'라는 한마디에 대강의 상황이 파악되고 나서는 비록 나 자신은 아무런 잘못도 없다고 생각하지만 죄송하다는 말과 함께 상황설명을 하고 바로 연락해서 차를 이동시키겠다고 연신 사죄의 말을 합니다. 그리고 이런 일이 벌어지면 집에서 작은 다툼이 벌어지곤 합니다. 다툼이 반복되면서 제가 마음을 고쳐먹었습니다. 물건을 들고 걸어서 집까지 이동하기는 어렵기 때문에 차를 이용할 수밖에 없고, 주변에 주차 공간이 없기에 이런 불편한 상황은 반복될 것이니 나에게 기분 나쁜 전화가 오더라도 그 찰나의 순간을 한 번 꾹 참고 집안의 평화를 지키자는 것이 결론이었습니다.

하지만 최근에는 이런 넓은 아량의 성인군자처럼 보이는 마음을 버리기로 했습니다. 왜냐하면, 생활 속의 이런 일들이 현장의 아차 사고와 같은 것이 아닐까 하는 생각이 들었기 때문입니다. 불법주차로 인해 지금까지는 언성만 조금 높이는 정도로 마무리되었지만 긴 시간 동안 전화 통화가 되지 않거나 무언가 급한 용무가 있는 사람이 불편을 겪게 되는 상황이 발생한다면 큰 다툼으로 이어질 수도 있다는 데 생각이 미친 것입니다. 아니면 사람마다 성격이라는 것이 천차만별이기 때문에 불같은 성격에 육두문자와 주먹부터 날리는 성향의 사람이 불법주차로 인해 피해를 보는 상대자라면 어떤 사고로 이어질지 예측하기 어렵기 때문입니다. 물건을 들고 조금 먼 거리라도 걸어서 이동하는 불편함을 감수하는 것이 혹시라도 앞뒤 가리지 않고 행사되는 물리력으로 인해 큰 싸움으로 번지거나 불행한 사고가 벌어지는 것보다는 낫기 때문에 사고 가능성을 사전에 차단하는 것이 바람직합니다. 현장에서도 쉽게 드러나지 않는 위험이라도 무시하거나 외면하지 않고 근본 문제를 찾고 해결하는 것이 기본인 것처럼 일상생활에서도 위험이 예상된다면 이를 최소화하고 사고를 예방할 수 있도록 방식을 수정하는 것이 안전을 책임지는 사람의 올바른 태도라는 생각입니다. 그래서 앞으로는 주차가 어려운 마트를 이용하는 경우에는 동행을 하거나 차를 이용하지 않도록 해서 불법주차를 하지 않는 생활방식을 유지할 생각입니다. 그리고 차를 빼달라는 전화를 받는다면 이를 그냥 넘겨버리는 것이 아니라 우리 생활에서 작은 위험이라도 없애는 차원에서 다른 사람과의 다툼이나 갈등이 생길 만한 일은 하지 말자고 아내를 설득할 생각입니다. 이렇게 작은 위험 하나를 무심히 지나치지 않는 습관이 생활과 현장의 안전을 지켜나가는 시작으로 생각합니다.

34

지붕작업 규칙

산업안전보건기준에 관한 규칙 제45조 지붕 위에서의 위험 방지는 이름 그대로 지붕에서 진행되는 작업 중 발생할 수 있는 위험에 관한 내용입니다. 이 조항은 2021년 11월 19일에 개정되었습니다.

개정 전	개정 후
사업주는 슬레이트, 선라이트(sunlight) 등 강도가 약한 재료로 덮은 지붕 위에서 작업을 할 때에 발이 빠지는 등 근로자가 위험해질 우려가 있는 경우 폭 30센티미터 이상의 발판을 설치하거나 추락방호망을 치는 등 위험을 방지하기 위하여 필요한 조치를 하여야 한다.	① 사업주는 근로자가 지붕 위에서 작업을 할 때에 추락하거나 넘어질 위험이 있는 경우에는 다음 각 호의 조치를 해야 한다. 1. 지붕의 가장자리에 제13조에 따른 안전난간을 설치할 것 2. 채광창(skylight)에는 견고한 구조의 덮개를 설치할 것

개정 전	개정 후
	3. 슬레이트 등 강도가 약한 재료로 덮은 지붕에는 폭 30센티미터 이상의 발판을 설치할 것 ② 사업주는 작업 환경 등을 고려할 때 제1항제1호에 따른 조치를 하기 곤란한 경우에는 제42조제2항 각 호의 기준을 갖춘 추락방호망을 설치해야 한다. 다만, 사업주는 작업 환경 등을 고려할 때 추락방호망을 설치하기 곤란한 경우에는 근로자에게 안전대를 착용하도록 하는 등 추락위험을 방지하기 위하여 필요한 조치를 해야 한다.

자세한 내용을 읽어보지 않고 양으로 비교해도 이전보다 많은 내용이 추가되어 개정되었음을 알 수 있습니다. 규칙의 내용이 개정되었다는 것은 어떤 의미일까요? 아무래도 개정 전 내용에 빠진 부분이 있다거나 기존의 내용만으로는 위험에 따른 사고를 예방하는 데 부족한 점이 있었기

때문에 개정했다고 짐작할 수 있습니다. 그럼 현장의 문제점이 무엇이었기에 규칙을 개정하게 되었는지 살펴보겠습니다.

새로운 조항 중 가장 먼저 배치된 내용은 지붕의 가장자리에 안전난간을 설치해야 한다는 것입니다. 실제 지붕 공사가 진행되는 현장에서 가장 잘 지켜지지 않는 것 중 하나입니다. 지붕 가장자리에 안전난간을 설치하지 않는 이유는 구조상 설치가 어렵기 때문입니다. 지붕 판을 새로 설치하는 작업에서는 철골과 같은 부분에 안전난간을 설치해야 하고, 지붕 판을 교체하는 작업에서는 판에 난간을 설치해야 하는데 두 경우 모두 난간을 설치하기가 쉽지 않은 구조입니다. 지붕 자체에 난간을 설치할 수 없다면 건물 외부에 가설구조물을 별도로 설치해 안전난간의 역할을 하도록 해야 하는데 지상부터 공사가 진행된 경우에는 외부비계 등을 활용하면 되지만, 외부비계 등을 사용하지 않는 철골 공사라든가 아니면 지붕 공사만 진행되는 현장의 경우에는 별도의 비용을 투자해 이러한 가설구조물을 만드는 것을 꺼리게 됩니다. 또한, 눈이 많이 오는 지역에서 볼 수 있는 경사가 급한 박공지붕 형태는 우리나라에 많지 않기 때문에 경사가 완만한 지붕을 바라보는 관리자나 작업자들은 추락 위험을 크게 느끼지 못하는 것도 하나의 이유일 것입니다. 이런 여러 이유로 실제 지붕 공사에서 가장자리인 단부에 안전난간을 설치하는 모습을 찾아보기는 쉽지 않습니다. 이런 현실을 반영한 개정 조항이 지붕의 가장자리에 안전난간을 설치하라는 규정입니다.

두 번째는 채광창skylight에 견고한 구조의 덮개를 설치하라는 규정입니다. 채광창은 투명 또는 반투명의 재질로 지붕에 창을 만들어 자연광을 활용해 실내조도를 높이기 위해 설치하는 것입니다. 빛의 투과율이 높아야 하니 주로 유리나 플라스틱 계열의 재질로 만들어지는데 당연히 철판, 합판, 시멘트와 같은 다른 지붕판 재료에 비해 강도가 작을 수밖에 없습니다. 그런데 작업 중 무심코 이런 채광창을 밟아 창에 부착된 판이 부서지면서 추락하는 사고가 발생하게 되고, 이러한 사고를 막기 위해 채광창에 견고한 덮개를 설치하라는 규정이 만들어지게 된 것입니다. 사실 어떻게 보면 작업자가 조금만 관심을 기울여 채광창처럼 약해 보이는 판을 피해 이동하면 되지만 일에 집중한 작업자에게 그러한 주의를 기대하기 어렵고, 또 작업 중에 이런 부위를 일일이 피해가며 이동한다는 것 역시 쉽지 않을 수 있습니다. 따라서 채광창에 덮개를 설치하는 것이 중요하고, 작업 전에는 채광창이 다른 지붕판과 어떻게 다른지 교육하는 등의 추가 조치가 따라야 할 것입니다.

다음 내용은 슬레이트 등 강도가 약한 재료로 덮은 지붕에는 폭 30센티미터 이상의 발판을 설치하라는 규정입니다. 이 규정이 뜻하는 바는 앞서 설명한 채광창의 의미와 같습니다. 강도가 약한 재료가 파손되면서 작업자가 떨어지는 사고를 예방하기 위한 것입니다. 그런데 다른 시각에서 이 규정을 이해하자면 작업자가 이동하는 경로에 추락 위험이 있다고 하면 반드시 발판이 설치되어 있어야 한다는 것입니다. 다시 말하면 작업자의 안전한 이동은 기본적으로 보장되어야 하고, 혹시 모르는 지붕판 파손에 대비해 추가적인 발판을 설치해야 한다는 규정입니다. 장황하고 길게 이 내용을 설명하는 이유는 많은 현장의 관리자와 작업자가 지붕에는 발판의 설치가 필요 없다고 생각하는 경우가 많기 때문입니다. 지붕이건 어디건 작업자가 안전하게 작업하고 이동할 수 있도록 발판과 통로가 확보되어야 하고, 취약한 부분을 보강해 추락과 같은 사고가 발생하지 않도록 조치해야 합니다.

마지막은 추락방호망 설치와 안전대 착용에 관한 내용입니다. 그런데 잘 읽어보면 이 규정은 전제 조건이 있습니다. 안전난간과 발판 보강 등의 조치가 곤란한 경우에 추락방망과 안전대 착용의 조치를 하라는 것입니다. 따라서 이 조항의 기본 전제는 안전난간과 발판 설치를 통해 작업자가 추락의 위험 없이 자유롭게 작업을 할 수 있는 환경을 만드는 것이 우선이고, 부득이하게 그런 환경을 만들 수 없을 경우에 추락방호망과 안전대를 활용해 사고의 피해를 줄이라는 것입니다. 그런데 우리는 별다른 고민 없이 번거로움과 비용 소모를 핑계로 현장 지붕 작업에 안전난간과 발판을 설치할 수 없다고 판단하고 추락방지망과 안전대에 의존하는 작업을 계획하고 진행합니다. 이 책을 포함해 교육 등 여러 기회에서 현장 참여자를 만날 때마다 강조하는 말 중 하나는 방망과 안전대와 같은 안전 시설과 조치는 사고를 예방하는 것이 아닌 사고가 발생한 이후 피해를 최소화하기 위한 조치라는 것입니다.

산업안전보건에 관한 규칙 조항 하나의 개정에 대해 길게 설명한 이유는 현장에서 쉽게 위험을 느끼지 못하거나 애써 모른 체하는 전형적인 유형 중 하나가 지붕 작업이기 때문입니다. 전체 공사의 성패를 결정하는 데 큰 부분을 차지하지 않고, 공사 기간이 길지 않아 며칠만 일하면 끝나는 그런 작업들의 위험에 대해 우리는 민감하게 반응하지 않는 경향이 있습니다. 또 그런 작업 대부분은 아무런 문제없이 마무리되곤 합니다. 하지만 이런 규모가 작고 짧은 시간에 마무리되는 작업들의 위험을 등한시하고 무시하는 일이 반복된다면 그 작은 작업에서 큰 문제가 발생할 수 있고, 그 문제로 인해 수 년 동안 애쓰며 현장을 관리했던 노력이 하루아침에 물거품이 될 수 있음을 잊어서는 안 됩니다.

35

밀폐공간

밀폐공간은 산소결핍, 유해가스로 인한 건강장해와 인화성 물질에 의한 화재·폭발 등의 위험이 있는 장소를 말합니다. 유해가스는 탄산가스, 황화수소 등의 유해물질이 가스 상태로 공기 중에 발생하는 것을 의미하며, 산소결핍은 공기 중의 산소농도가 18% 미만인 상태입니다. 공기 중에 산소가 부족한 것도 문제이지만 산소가 과다한 상태도 바람직하지 않기 때문에 적정공기의 산소농도는 18% 이상이고 23.5% 미만인 상태로 규정하고 있습니다.

산소가 부족한 공간에 사람이 들어가면 위험한 이유는 인체에서 산소를 가장 많이 소비하는 기관이 뇌이기 때문에 적정한 산소가 공급되지 않으면 정상적인 판단을 하지 못하기 때문이라고 합니다. 우리는 흔히 공기가 부족한 곳에 사람이 들어가면 좀 어지러운 증상을 느낄 것이고, 그런 증상이 느껴질 때 즉시 밖으로 벗어나면 사망까지 이르는 사고는 예방할 수 있지 않을까 생각합니다. 하지만 실제로는 산소의 농도를 색이나 냄새 등으로 확인할 수 없기 때문에 아무런 대비책 없이 산소가 부족한 공간에 들어가게 되면 한두 번의 호흡만으로 뇌에 산소가 부족하게 되고 정상적인 판단을 하지 못하기 때문에 불상사를 당하게 된다는 것입니다. 따라서 산소 부족이 우려되는 공간에서 작업을 할 때는 작업자가 들어가기 전에 반드시 적정 공기인지 확인이 필요합니다.

그렇다고 해서 모든 공간의 산소농도를 측정할 필요는 없습니다. 우리는 건설현장에서 산소가 부족할 수 있는 공간을 예측할 수 있고, 그런 공간을 밀폐공간*으로 분류해서 관리하고 있기 때문입니다.

산소가 부족할 수 있는 공간에서 이루어지는 작업은 시작 전에 공기가 위에서 설명한 "적정 공기"인지 측정해야 합니다. 보통 현장에서 사용하는 측정기는 가격이 저렴하고 휴대가 편리한 산소농도 측정기를 주로 사용하고 있는데 유해가스가 발생할 우려가 없는 곳에서 사용은 문제가 되지 않습니다. 하지만 갈탄으로 콘크리트 양생을 하는 장소나 하수도 맨홀,

---

* 산업안전보건기준에 관한 규칙 제618조부터 제625조까지 밀폐공간의 정의와 작업프로그램에 대해 상세하게 설명하고 있습니다.

유기용제 등이 보관되어 있던 탱크 등 확인되지 않은 가스의 존재가 의심되는 공간은 산소농도 측정만으로는 안전을 담보할 수 없으므로 복합가스농도 측정기로 다른 유해가스가 있는지 등을 확인해야 합니다. 복합가스농도 측정기는 산소농도측정기보다 고가이긴 하지만 예전에 비해 가격도 저렴해졌고, 한 번 구매하면 장기간 사용하는 기기이므로 구입하여 활용하는 것이 안전에 크게 도움이 됩니다.

유해가스가 있을 것으로 의심되는 공간의 가스 측정에서 유의할 점이 하나 있는데 측정자가 직접 공간에 들어가 측정하면 절대 안 된다는 것입니다. 독성이 있는 가스는 한 번의 흡입만으로 사람에게 치명적인 악영향을 줄 수 있기 때문에 반드시 측정기에 꽂아서 사용하게 되어있는 가스측정관튜브을 먼저 측정 장소에 밀어 넣어 이상 유무를 확인하고 결과치는 기록으로 남겨놓을 필요가 있습니다.

밀폐공간 보건작업 프로그램에서는 응급조치 등에 대한 안전보건 교육 및 훈련이 중요합니다. 최근에도 발생하는 질식사고의 경향을 보면 작업자가 자신이 일하는 공간의 위험과 긴급상황이 발생했을 때 어떻게 조치해야 하는지 몰라서 피해가 커지는 일이 많기 때문입니다. 사람을 구하겠다고 무작정 밀폐공간으로 들어가는 것이 얼마나 위험한 일인지와 구조장비를 어떻게 사용해야 하는지를 교육을 통해 알려야만 쓰러진 동료를 구하겠다고 맨몸으로 뛰어들어 줄줄이 피해를 입는 대형사고를 막을 수 있기 때문입니다.

밀폐공간에서 사용되는 적합한 개인 보호구와 착용법을 알리는 것도 중요합니다. 현장에 방문해서 여러 사람들과 이야기를 나누다 보면 방진 마스크와 방독마스크를 공기호흡기와 송기 마스크로 착각하는 경우가 대부분입니다. 공기호흡기와 송기 마스크는 깨끗한 공기를 직접 통이나 펌프 등을 사용해서 공급하는 것으로 외기를 필터나 정화통으로 걸러 호흡하는 마스크와는 전혀 다른 보호구입니다. 그럼에도 불구하고 현장의 관리감독자와 작업자들은 마스크만 착용하면 밀폐공간의 조건에 상관없이 안전할 것이라고 착각하는 사람들이 많습니다. 따라서 밀폐공간 작업을 진행하는 관리감독자와 작업자는 공기호흡기, 송기마스크, 방독마스크, 방진 마스크 등의 형태와 기능이 무엇인지 이해하고, 위험 상황에 대비해 공기호흡기와 송기 마스크를 준비해야 합니다.

방진 마스크 방독마스크

공기호흡기 송기마스크

실제 사고사례들을 보면 터널 공사는 밀폐공간으로 분류되어 있지만, 대형건설업체에서 시공하는 경우가 많아서 밀폐공간 작업에 대한 충분한 지식과 경험이 축적되어 질식 등의 문제가 발생하는 경우는 거의 없습니다. 하지만 추운 겨울에 갈탄 등으로 온도를 유지해 콘크리트를 양생하는 작업은 현장의 규모와 관계없이 어느 곳에서나 건설현장이면 이루어지는 작업입니다. 하지만 중소건설현장의 경우에는 이러한 작업이 밀폐공간으로 분류되는지도 모르는 경우가 많고, 밀폐공간의 안전한 작업을 위한 조치에 대해 무지한 것이 현실입니다. 앞서 설명한 밀폐공간 작업프로그램 전체를 지키고 이행하지 못하더라도 산소와 가스농도 측정을 정확히 한다면 질식 등의 위험에서 근로자를 지켜낼 수 있을 것입니다. 하지만 이런 부분이 지켜지지 않아 해마다 질식사고가 발생하는 현실이 안타깝습니다.

또 콘크리트 양생작업중 질식사고…겨울철 건설현장서 빈발

전문건설신문 | 승인 2022.12.16 17:43 | 댓글 0

| 밀폐된 공간 속 난로 피우다 일산화탄소 발생

15일 파주의 아파트 신축공사 현장에서 발생한 질식사고는 콘크리트 양생 작업 중에 발생한 것으로 파악됐다.

양생 작업은 난로 등으로 콘크리트를 굳히는 작업으로, 특히 겨울철 밀폐된 현장에서 숯탄이나 갈탄 등을 난로 연료로 사용하면 일산화탄소가 쌓여 사망사고로 이어지기도 한다.

http://www.koscaj.com/news/articleView.html?idxno=231676

겨울철 건설현장의 콘크리트 양생 작업 중 질식사고가 반복되는 일은 경험을 믿고 잘못된 판단을 하기 때문으로 생각합니다. 겨울 콘크리트 양생 작업을 위해 많은 현장에서 천막으로 부르는 PE 타포린 재질로 타설 부위를 둘러쌉니다. 그리고 온도가 영하로 내려가 콘크리트에 포함된 물이 어는 것을 방지하기 위해 갈탄이나 열풍기를 때는 방식으로 온도를 올리게 됩니다. 그런데 이 공간이 지상에 있다면 아무리 천막을 꼼꼼하게 설치한다 하더라도 빈틈이 생길 수밖에 없고, 이 빈틈으로 공기가 어느 정도 순환되어 실제 질식사고의 위험은 높지 않을 수 있습니다. 하지만 지하층은 지상층의 상황과 전혀 다릅니다. 기본적으로 지하층은 외부 창이나 환기를 위한 설비가 거의 없어 자연적인 환기를 기대할 수 없습니다. 따라서 천막으로 개구부 몇 군데만 막으면 이름 그대로 밀폐공간을 만들어낼 수 있습니다. 이 공간은 열풍기 사용으로 산소 농도가 현저하게 떨어질 수 있고, 갈탄을 사용하는 경우에는 유독 가스가 가득한 지하 공간이 만들어지는 것입니다. 하지만 지상층 공사에서 자연 환기로 인해 질식 위험이 거의 없다는 것을 경험한 작업자와 관리자가 지하층도 같은 환경일 것으로 착각하고 아무런 준비 없이 지하 공간에 출입하다 질식사고가 발생하는 것입니다. 실제 건설현장에서 발생하는 대부분의 질식사고는 지하층에서 벌어지는 것이고, 이런 사고를 기사로 접할 때마다 안타까운 마음이 생깁니다.

건설현장은 아니지만, 차도나 인도에서 맨홀 뚜껑을 열고 작업하는 여건을 보면 이런 안타까운 마음은 더 커집니다.

거리를 지나다 맨홀 작업이 보이면 직업병 때문인지 가까이 다가가 어떻게 작업을 하는지 살펴보곤 합니다. 거의 모든 맨홀 작업은 주변에 구조 용구는커녕 변변한 개인 보호구 하나 없는 상태로 진행됩니다. 그나마 요새는 라바콘 등으로 작업이 진행되고 있음을 알리고는 있지만, 이 표시가 작업자를 위한 것인지 아니면 통행하는 일반인이 맨홀 구멍에 빠지지말라는 것인지는 모르겠습니다. 그리고 맨홀 주변에 주차되어 있는 소형트럭의 적재함을 유심히 살펴보면, 그 어떤 트럭에서도 산소나 가스 농도를 측정할 수 있는 장비를 찾아볼 수는 없습니다. 맨홀 안에 어떤 공기와가스가 들어있는지도 모르는 채 부지런히 좁은 맨홀 입구를 드나들면서일하는 작업자의 모습을 보면 아직도 안전을 위해 챙겨야 할 것들이 많음을 새삼 깨닫습니다.

36

물류 · 냉동 · 냉장창고 사고

창고공사 사고의 특징

2022.10.21. 안성 물류창고 콘크리트 타설 중 붕괴 사고 - 3명 사망, 2명 부상

2022.1.6. 평택시 청북읍 물류센터 공사현장 화재 - 소방관 3명 사망

2021.6.17. 이천시 쿠팡 물류센터 화재 - 소방관 1명 사망

2020.12.20. 평택시 청북읍 물류센터 공사현장 콘크리트 타설 중 붕괴 사고 - 3명 사망, 2명 부상

2020.7.21. 용인시 처인구 양지면 SLC 물류센터 화재 - 5명 사망

2020.4.29. 이천시 모가면 한익스프레스 물류창고 신축공사 현장 화재 - 38명 사망

2019.6.25. 경남 창원시 소재 물류센터 신축공사 현장 - 5명 부상

2015.5.31. 인천 인천조달청 신축창고 붕괴 - 1명 사망, 4명 부상

2013.2.22. 인천 서구 북항 물류창고 신축 공사장 철골구조물 붕괴 - 6
명 부상

2008.1.7. 이천 냉동창고 화재 - 40명 사망, 10명 부상

2005.10.6. 경기도 이천시 물류센터 신축현장 PC 부재 연쇄 붕괴 - 9
명 사망, 5명 부상

최근 물류창고와 냉동·냉장창고 건설공사 중 발생한 대형사고만을
정리한 것입니다. 건설현장에서 발생하는 대형사고는 다양한 유형이 있
지만, 그중에서도 특히 창고 공사에서 발생한 사고는 비슷한 원인으로 반
복해서 발생하고 있습니다. 그래서 사고의 특징과 원인에 대해 짚어볼 필
요가 있습니다.

무너짐과 화재 사고가 많은 창고공사

물류창고와 냉동·냉장창고에서 발생한 대형사고의 유형을 보면 크
게 두 가지로 나눌 수 있습니다. 구조물 작업 중 가설물이나 슬래브가 무
너지는 붕괴 사고와 마감 작업 중 단열재에 불이 붙는 등의 원인으로 추
정되는 화재사고입니다. 그렇다면 이 두 유형의 사고가 왜 창고 공사에서
자주 발생하는지 확인해 보겠습니다.

먼저 구조물 붕괴 사고에 대해 알아보겠습니다. 창고라는 건축물은 다른 일반 건물과 다른 특징이 있습니다. 우선 창고는 물건이나 자재 등을 보관하는 목적이기 때문에 많은 물건을 적재해야 하고, 적재된 물건들을 쉽고 빠르게 이동하기 위해 높고 넓은 공간이 필요합니다. 특히 최근에는 물건의 이동 등을 인력으로 하지 않고, 지게차와 같은 장비를 이용하거나 컨베이어 등의 장치를 설치해 활용하기 때문에 예전보다 더 넓은 공간이 필요합니다. 일반적인 건물의 층고가 2~3m 정도인 데 반해 창고 건물의 층고는 5m 내외인 경우가 많고 더 높은 층고를 요구하기도 합니다. 기둥과 기둥 사이를 나타내는 경간span의 경우도 마찬가지입니다. 일반 건물의 경간이 10m 내외인 데 반해 창고 건물의 경간은 대부분 이보다 훨씬 길게 결정되어 시공됩니다.

건물의 층고가 높고 경간이 넓으면 사용에는 편리하지만, 공사 중에는 어려운 상황이 많아진다고 예상할 수 있습니다. 일단 층고가 높아지면 그만큼 높은 장소에서 진행되는 작업이 대부분이라고 볼 수 있습니다. 작업자가 작업을 위해 이동하는 방식도 문제이고, 높은 공간에 작업대를 안전하게 만들어주는 것도 문제입니다. 작업을 위해 안전한 환경을 조성하는 것이 문제라는 것은 예상하기 어렵지 않지만, 이와 더불어 간과되기 쉬운 또 다른 문제가 있습니다. 바로 작업상황을 확인하고 관리하기 어렵다는 것입니다. 관리자들이 쉽게 접근할 수 있는 장소와 공간에서 작업이 이루어진다면 작업상황이나 시공의 적정성 등을 쉽게 점검과 확인할 수 있습니다. 하지만 작업이 접근하기 어려운 장소에서 이루어진다면 관리자들이 이 장소에 접근해 작업의 적정성 등을 확인하기는 쉽지 않습니다. 현장에서 작업을 위한 이동통로나 작업대를 만드는 일에는 많은 노력을 기울이지만, 작업을 담당한 시공관리자나 안전관리자가 접근하는 방법에 대해 고민하는 경우는 흔하지 않습니다. 따라서 고소작업의 품질과 안전을 꼼꼼하게 점검 · 관리하는 행위가 쉽지 않은 상황이 됩니다. 그리고 이러한 부족함이 대형사고의 원인으로 작용하는 경우도 있습니다.

높은 층고와 긴 기둥 간격은 또 다른 위험이 있습니다. 이런 구조를 만들어내려면 기둥과 보 등 구조물의 형상이 커지고 무거워지게 됩니다. 따라서 철근과 거푸집을 조립하고 콘크리트를 타설하는 일반적인 골조 작업방식을 적용하기 곤란해집니다. 철근, 거푸집 조립과 해체에 소요되는 시간이 늘어나기도 하지만, 이를 지지해야 하는 동바리 등 가설재를 만드는 데 소요되는 시간도 무시할 수 없기 때문입니다. 그리고 하루라도 빨리 완성해서 물건을 보관해야 하는 창고라는 건축물의 특징으로 인해 공기가 짧은 것도 이런 조건에 한몫합니다. 공기를 지키기 위해서 창고 공사에서는 주로 철골, PC 등 다양한 공법이 구조물 공사에서 활용되고, 이런 공법은 조금씩 다른 특징으로 인해 다양한 이름과 방식으로 현장에 적용됩니다. 문제는 이런 특징들을 관리자와 작업자가 전부 이해하지 못하는 경우도 있다는 것입니다. 위 목록의 사고들 중에서도 동바리를 적정하게 설치하지 못하거나 PC작업 중 고정볼트를 작업자가 제거하는 등 공법을 정확하게 이해하지 못해 발생한 어처구니없는 사고가 있었습니다.

창고 건축공사에서 빈번하게 발생하는 또 다른 대형사고 유형은 화재입니다. 창고현장에서 화재가 자주 발생하는 이유도 창고건물의 특징 때문입니다. 일단 창고는 특히 냉동·냉장창고는 환기에 취약한 형태를 하고 있습니다. 창고는 일정한 온도를 유지해야 하기 때문에 외부 공기가 유입될 수 있는 창문이 거의 없습니다. 따라서 특정 작업으로 인해 발화의 가능성이 큰 가스가 실내에 생기는 경우 인위적인 환기장치를 가동하지 않으면 빠져나가지 않습니다. 또 냉동·냉장창고는 단열을 위해 작업 시기에 따라 단열재가 부착되어 있거나 단열 자재를 쌓아 놓는 경우가 많 습니다.

그리고 앞서 설명한 바와 같이 공기가 짧기 때문에 마감 공사가 몰리 는 경우에는 같은 공간에서 한쪽은 용접을 하고, 한쪽에서는 도장작업을 하는 상황이 발생하게 됩니다. 이와 같이 화재에 취약한 건물 형태와 각 종 자재, 화재의 위험이 큰 작업이 동시에 벌어지는 상황에서 용접 불꽃 하나가 큰 사고의 원인이 되는 것입니다. 순식간에 단열재에 옮겨붙은 불 은 유독 가스를 만들어내고, 창이 많지 않은 건물 안을 삽시간에 채우게 됩니다. 시야를 가리는 검은 유독 가스는 짧은 공기를 맞추기 위해 좁은

공간에서 작업하던 마감 작업자들의 대피를 어렵게 해서 많은 인명 피해가 발생하는 결과로 이어집니다.

　지금까지 물류창고와 냉동·냉장창고에서 빈번하게 발생하는 대형사고의 유형과 이유에 대해 살펴봤습니다. 창고 공사에서 발생한 사고를 특정해 설명했지만 사실 이런 사고 원인은 규모와 중요도의 차이가 있을 뿐 다른 건설현장에서도 쉽게 볼 수 있는 것들입니다. 우리가 만들어가는 건물은 점점 대형화되어 가고 있으며, 부족한 공기로 인해 다양한 마감 공종과 많은 작업자가 좁은 공간에서 작업을 하는 것이 현재 국내 건설현장의 모습이기 때문입니다. 우리 현장은 창고 공사가 아니기 때문에 이런 사고와 상관없다고 생각할 것이 아니라 유사한 위험과 사고 원인이 있는 것은 아닌지 살피고 확인할 필요가 있습니다. 그리고 창고공사현장에 참여한다면 과거 사고사례를 참고해 어떤 부분을 어떻게 관리할 것인지 계획을 세우고 지켜나가야 비슷한 대형사고가 발생하는 것을 막을 수 있습니다.

파레토의 법칙 [Pareto's law]

관리의 기본인 P-D-C-A 사이클

안전활동은 Plan 계획 - Do 실행 - Check 점검 - Action 개선이라는 일련의 순서에 따라 진행할 것을 권장합니다. 일반적으로 P-D-C-A로 불리는 이러한 과정은 활동에 대한 계획을 수립하고 계획에 따라 안전활동을 수행하며, 활동이 적정하게 이루어지고 있는지 또는 활동이 효과적인지를 점검하고, 점검결과에 문제가 있다면 이를 개선하는 과정을 통해 목표를 달성하는 효과적인 방법론으로 인정받고 있습니다. 최근에는 4단계로 진행되는 P-D-C-A 중 가장 먼저 행해져야 하는 계획에 대한 중요성이 부각되고 있습니다. 현장의 위험이 반영된 정확하고 현실적인 계획이 수립되어야 그 이후 단계도 문제없이 수행될 수 있기 때문입니다. 글로만 접하면 계획이 있어야 이후 단계가 진행되고 그러한 계획이 중요하다는 것은 당연하게 생각될 수도 있지만 실제로는 그렇게 진행되지 않는 경우도 상당히 많습니다. 명확한 계획과 기준 없이 개인의 성향에 따라 안전 관리 수준이 결정되는 경우도 많습니다. 이러한 체계적이지 못한 안전활동은 일관된 안전수준을 담보하지도 못하고, 건설현장 종사자들 간에 많은 문제를 일으키기도 합니다.

건설현장의 안전관리자가 되어 현장 점검을 한다고 상상해보겠습니다. 현장의 작업을 둘러보는데 이동식 비계 위에서 벽돌을 쌓는 조적 작업자가 눈에 보입니다. 안전대를 착용하지 않고 작업을 하는 모습이 떨어짐의 위험이 커 보이고, 더군다나 이동식 비계 밑에는 넘어짐 방지를 위한 전도방지대도 설치되지 않아서 비계가 흔들거려 안전관리자의 눈에는 사고의 위험이 커 보입니다. 따라서 조적 작업을 일단 중지시키고 부족하다고 생각한 작업자 안전대 착용과 이동식 비계의 전도방지대 부착을 요구합니다. 그런데 조적 작업 협력사에서 사전에 얘기된 이동식 비계 안전난간과 개인 보호구인 안전모와 안전화를 다 착용했는데 뭘 더 바라느냐고 반발하면서 현장의 안전팀과 공사팀, 협력사끼리 말다툼이 벌어지는 상황이 됩니다.

　위와 같은 현상은 계획이 부족한 현장에서 비일비재하게 벌어지는 일입니다. 사고 예방을 위해 안전한 현장을 만드는 많은 시설과 활동을 하는 것은 중요하지만 작업을 수행하는 협력사의 참여를 유도하기 위해서는 그들의 입장도 고려할 필요가 있습니다. 협력사는 건설업체의 요구에 따라서 나름대로 안전 조치와 개인 보호구 등을 준비해 작업을 시작하고 있는데 갑자기 안전관리자가 나타나 작업을 중단시키면 수익을 남기려는 자신들의 목적에 차질이 생기는 것입니다. 협력사의 작업 준비가 현장설명이나 계약서에 합의된 건설업체의 안전기준을 지키지 않은 것이면 변명의 여지가 없지만, 현장설명이나 사전작업검토 등에서 제시된 사항을 충족시키는 조건으로 작업을 진행하고 있는데 갑자기 요구사항을 추가하면 반발이 생길 수밖에 없고, 이로 인해 작업까지 중지된다면 불만이 더욱 커질 것입니다.

다툼의 원인이 되는 이런 상황은 대부분 안전관리계획과 기준이 불분명할 때 발생합니다. 여기서 말하는 안전관리계획과 기준은 현장에서 진행되는 혹은 진행될 예정인 작업이 어떤 것들이 있는지 파악하고, 파악된 작업에 대해 위험성 평가 등을 통해 찾아낸 위험과 사고 예방대책이 포함된 것을 말합니다. 사고 예방대책은 작업의 내용과 방법, 그리고 현장에서 수행할 수 있는 안전관리수준에 따라 다양한 모습으로 나타날 수 있습니다. 위의 사례처럼 이동식 비계를 사용할 때 협력사에서 안전을 바라보는 수준으로는 작업발판 단부에 안전난간을 설치하는 것으로 충분한 안전조치가 완성되었다고 생각하지만, 안전관리자의 눈높이로는 넘어짐의 위험이 있는 이동식 비계 아래에 전도방지대까지 설치해야 이 작업의 사고 예방을 위한 대책이 완성되었다고 판단할 수 있습니다. 물론 안전의 관점에서는 많은 위험에 대비해 완벽하게 준비하는 것이 좋겠지만, 작업을 하는 입장에서는 위험에 비해 과하다고 느낄 수도 있어서 어떤 것이 정답이라고 말하기는 어렵습니다. 그렇기 때문에 사전에 작업과 관련된 시공팀, 안전팀, 협력사 등과 협의가 필요하며 현장에서 지켜야 할 기준과 안전관리수준을 반영한 안전관리계획이 필요합니다.

성패를 좌우하는 적은 요인들

계획의 중요성은 경제학에서 통용되는 파레토 법칙으로도 설명할 수 있습니다. 파레토 법칙은 파레토가 유럽제국 조사에서 얻은 경험으로 만든 소득분포에 관한 통계적 법칙입니다. '80:20 법칙'으로도 불리는데 상

위 20% 사람들이 전체 부富의 80%를 가지고 있다거나, 상위 20% 고객이
매출의 80%를 창출한다는 의미를 담고 있습니다. 여기서 80과 20은 숫자
자체를 정확하게 의미하는 것은 아니고 전체 결과에 큰 영향을 미치는 것
은 몇 가지 소수 요소라는 것을 의미합니다.

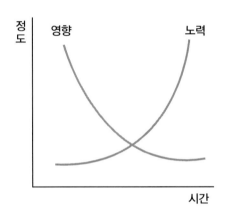

이 법칙으로 안전관리계획의 중요성을 설명할 수 있습니다. 초기 계획
에 투자하는 시간과 노력은 공사가 진행되는 과정에 위험을 찾아내고 안
전시설물 설치 등에 필요한 시간과 노력에 비하면 아주 작습니다. 만약 10
개 공종에 협력사가 참여한다고 가정하면 작업이 시작되기 전에 10개 공
종의 위험을 찾고 위험에 의한 사고를 예방할 수 있는 대책을 만들어 안
전한 작업 준비와 기준 등을 마련합니다. 그리고 협력사가 현장에서 작업
을 시작하면 사전에 준비하고 협의한 계획과 기준을 지키고 있는지 확인
하는 데 노력을 기울이면 됩니다. 하지만 이런 계획과 기준이 만들어지지
않은 상태에서 협력사가 현장에서 작업을 시작한다고 가정하고 관리자

의 일을 설명해 보겠습니다. 관리자는 협력사가 일하는 작업장소를 일일이 찾아다니며 작업 준비와 진행 과정이 내 생각과 일치하는지 확인해야 합니다. 그리고 흡족하지 않은 경우 어떤 부분이 부족한지 설명하고 고치도록 만들어야 합니다. 사전에 서로 합의하고 공유한 내용이 없기 때문에 이를 설명하고 이해시키지 않으면 작업자나 협력사가 알 수 없기 때문입니다. 그리고 이를 잘 따라주면 모르겠지만 반발한다면 매번 다툼이 발생할 것입니다. 파레토 법칙에 적용하면 20의 숫자는 초기 계획을 세우는 데 투자되는 시간과 노력이고, 계획 없이 현장을 운영하면서 안전에 투입되는 시간과 노력은 80이 됩니다. 20과 80은 차이가 큰 숫자이지만 정작 현장의 안전수준에 영향을 미치는 정도는 정반대로 나타납니다. 초기에 투자한 20은 시간이 지날수록 점점 큰 영향을 미치지만, 현장 운영 중 소모되는 80은 초기 20보다 훨씬 많은 시간과 노력이 투입됨에도 불구하고 정작 현장에 미치는 영향과 효과는 작습니다. 처음에 결정된 많은 것들을 중간에 바꾸기는 어렵기 때문입니다.

앞서 다툼의 사례로 돌아가면 작업이 시작되기 전에 공사팀과 안전팀, 협력사가 작업 중 예상되는 위험에 대해 논의하고 결정했다면 안전관리자가 발견한 위험과 협력사에서 파악하고 있는 위험이 다르지 않기 때문에 논란이 생기지 않았을 것입니다. 이런 논란으로 인해 작업이 중단되어 발생하는 시간적, 경제적인 직접적 손실을 막을 수 있는 것은 물론이고 건설사와 협력사 사이의 신뢰와 협업이 탄탄해지면서 좋은 현장 분위기가 만들어졌을 것입니다. 하지만 부실한 안전관리계획은 공사가 진행되는 동안 계속 걸림돌로 작용해 공사 전체에 악영향을 미치는 원인이 될 수 있습니다. 따라서 공사 초기에 수립해야 하는 안전관리계획을 등한시하거나 여기에 투입되는 시간과 노력을 아까워해서는 안 되고, 안전관리계획을 정확하게 만들 수 있는 시간과 권한을 안전관리자에게 주어야 합니다. 파레토 법칙에서 확인한 것처럼 초기에 투자되는 시간과 노력은 공정이 진행될수록 막대한 영향을 미치는 요소로 돌아오고, 부족한 시간과 노력으로 인해 부실한 안전관리계획은 공사 진행과 공정관리에 지속적인 악영향을 끼칠 수 있기 때문입니다.

38

계획되지 않은 작업과
위험한 행동을 하는 동료

사고 친 사람이 문제?

수도권에 최대 330mm의 폭우가 내린 날, 안타까운 사고 소식이 하나 전해졌습니다. 사고는 건설현장에서 잘 발생하지 않는 익사 사고였습니다. 지하층 기계실을 만들기 위해 땅을 판 부분에 빗물이 고였고, 양수작업에 사용할 콘센트가 물에 잠길 것을 우려해 물을 빼는 작업을 하다가 변을 당한 것으로 알려졌습니다.

작업반장이 사고를 당한 것으로 알려졌는데 콘센트를 꺼내겠다고 그 빗물이 고인 웅덩이에 들어간 것으로 보입니다. 여러 기사에 의하면 위험하니 들어가지 말라고 주변에서 말렸지만 자신은 수영을 잘한다며 물속으로 들어갔다고 합니다. 아마도 사고를 당한 근로자는 수영에 자신이 있었던 모양입니다. 하지만 우리가 하는 수영은 맑은 물이 담긴 수영장이나 계곡, 바다와 같은 곳에서 하는 것이 일반적입니다. 따라서 흙탕물이 가득해 한 치 앞도 확인할 수 없는 이런 환경은 우리가 알지 못하는 위험이 도사리고 있을 텐데 이를 간과한 것이 이런 어이없는 결과로 이어졌다고 생각합니다. 이 사고의 가장 큰 책임은 자신의 수영 실력을 과신하고 흙탕물로 들어간 작업반장에게 있는 것으로 보입니다. 하지만 모든 책임을 한 사람에게 지우는 것이 바람직한지와 앞으로 이런 사고를 막기 위한 대책을 세우는 것에 도움이 되는지 생각해 볼 필요가 있습니다.

음주운전을 하면 처벌을 받는다는 것을 모르는 사람은 없을 것입니다. 그런데 음주운전을 방조하거나 동승한 경우에도 처벌을 받는다는 것을 알고 있으신가요? 운전자가 음주를 한 사실을 알고 있음에도 같이 차를 타고 이동하거나 음주운전을 하려는 사람을 그대로 방치한 경우에도 처벌을 할 수 있다는 말입니다. 만약 방치한 것만이 아닌 음주운전이라는 것을 알면서도 차량 열쇠를 제공하거나 음주운전을 독려하고 권장한 경우에는 동승한 사람보다 2배 정도의 형량이 선고되기도 한다고 합니다. 이를 위의 사고사례에 적용해 본다면 어떨까요?

건설현장에서 일어나는 작업은 한 사람이 단독으로 진행하는 경우는 많지 않습니다. 동료가 위험한 행동을 하는 것을 뻔히 보면서도 제지하지 않거나, 작업의 편이성을 위해 오히려 독려하는 분위기가 된다면 직접 불안전한 행동으로 사고를 일으킨 사람과 함께 주변 동료들도 책임을 느껴야 합니다.

크레인이 건설 폐기물을 들다 넘어지는 사고를 조사한 적이 있습니다. 항공마대 또는 톤백이라고 불리는 인양용구에 담긴 폐기물은 1톤 정도의 무게로 크레인이 인양할 수 있는 한계 이내의 무게였습니다. 그런데도 크레인이 넘어진 건 아우트리거를 제대로 펼치지 않았기 때문입니다. 이제는 잘 알려진 것처럼 크레인은 네 개의 아우트리거를 모두 펼친 상태로 작업을 진행해야 넘어짐_{전도} 사고의 위험이 없는 건설장비입니다. 그런데 이 사고의 경우에는 운전원이 붐을 펼칠 방향의 아우트리거 두 개만 펼친 채 작업을 진행하다 사고가 발생했습니다. 작업을 준비할 때 이 상황을 보고 현장소장이 운전원에게 아우트리거를 4개 펼쳐야 하는 것이 아니냐고 얘기했다고 합니다. 그런데 이 정도 무게는 2개만 펼쳐도 충분하다고 호언장담하는 운전원의 말을 믿고 그대로 진행했고, 결국 크레인은 마대를 들고 붐을 움직이는 도중에 흔들리며 한쪽으로 넘어가고 말았습니다. 이 사고의 경우에도 가장 큰 책임은 크레인 운전원에게 있겠지만 작업공간 주변에 있던 동료 작업들도 책임에서 벗어나기 어렵습니다. 크레인 작업은 운전원 혼자 할 수 있는 작업이 아닌 주변 상황을 보고 신호를 해주는 신호수와 인양용 로프 등을 걸어주고 풀어주는 줄걸이 작업자가 반드시 필요한 작업이기 때문입니다. 그리고 동료들은 이런 작업을 한두 번 해본 것이 아닌 하루에도 수십 번 동일한 작업을 진행합니다. 그리고 작업 전에 관련 교육도 받았을 것이기 때문에 이 작업에 어떤 위험이 있는지도 충분히 알고 있었을 것입니다. 이와 같이 위험을 충분히 알고 있음에도 불안한 작업방식을 모른 척한 책임에서 자유로울 수 없습니다. 현장소장 또한 현장 안전의 최종 책임자로서 운전원의 말만 믿고 위험하게 진행되는 작업을 방조한 책임이 크고, 전문적인 지식이 크레인 운전원보다

깊지 않아서 생긴 사고라는 변명*은 누구에게도 이해받기 어렵습니다.

작업 전에 위험성 평가를 하는 목적 중 하나는 사람들의 경험과 지식을 모으기 위한 것입니다. 한 사람의 지식과 경험에 의해 내려지는 판단은 자칫 잘못된 결정일 수 있고, 이런 결정이 부정적인 결과인 사고로 이어질 수 있기 때문입니다. 가능한 사람들의 다양한 경험과 지식을 바탕으로 숨겨진 위험을 찾고, 이에 대한 올바르고 현실적인 대책을 만들기 위해 위험성 평가 등 사전 검토를 통해 안전한 작업계획을 수립하는 것입니다. 그리고 이렇게 수립된 작업계획은 지켜져야 하고, 여기서 벗어난 방식으로 진행되거나 검토되지 않은 작업은 작업자 본인 또는 주변의 제어를 통해서 막는 것이 바람직합니다. 조금 빨리 끝내기 위해 계획되지 않고 계획에서 벗어난 방식으로 진행하는 작업은 결국 큰 피해로 우리에게 돌아올 수 있기 때문입니다.

안전은 옆 사람 챙기기부터

어느 주말, 북한산 정상을 오르는 길목에서 목격한 상황이 너무도 어처

---

* 2017년 12월 28일 서울특별시 강서구에서 이동식 크레인이 넘어지는 사고가 발생했습니다. 이 사고는 크레인 아웃트리거는 모두 펼친 상태로 작업했으나 크레인이 자리 잡은 지반이 평탄하지 않았고, 무게를 견딜 정도의 강도가 아니어서 발생한 것으로 밝혀졌습니다. 크레인이 넘어지면서 붐이 근처 버스를 덮쳐 버스 승객이었던 1명이 사망하고 여러 명이 다쳤습니다. 경찰에 의하면 철거가 진행 중이었던 현장에서 협력사 소장이 건설업체 현장소장에게 안전하지 않은 철거방식을 제안하고 진행하는 과정에서 사고가 발생한 것으로 조사되었습니다. 이 사고의 경우에도 현장소장이 협력사 소장보다 전문지식이 부족했다는 변명을 한다 해도 사고의 책임에서 벗어날 수 없습니다.

구니가 없어서 찍은 사진입니다. 왼쪽에 보이는 안전하고 잘 정리된 등산로를 두고 두 손 두 발로 암벽을 기어오르는 사람을 보실 수 있습니다. 이 사람은 계획된 산행을 하는 사람이라고 볼 수 없습니다. 암벽등반이 원래 목적이었다면 헬멧과 등산용 로프 등 안전을 위한 장비들을 챙기고 이용하면서 등반을 했을 것입니다. 원래는 마련된 등산로를 따라 정상을 오르는 계획이었을 것입니다. 하지만 등산로의 많은 등산객을 확인하고 좀 더 빠르게 오르겠다는 생각에 이런 위험한 방식으로 산을 오르는 중인 것입니다. 이 등산객은 '이 정도는 내가 충분히 오를 수 있어'라는 생각으로 이런 방식으로 산을 오르겠지만 한 발짝만 미끄러진다면 어떤 일이 벌어질까요? 물론 그런 일이 벌어진다면 가장 큰 책임은 위험한 방식으로 산을 오르던 당사자일 것입니다. 하지만 저 등산객과 함께 산행을 했던 동료가 있었고, 그 동료가 저런 위험한 행동을 제지하지 않고 방조했다면 그는 책임에서 자유로울 수 있을까요? 좀 더 확대하자면 저 사진에 등장하는 사람들 모두가 사고의 책임에서 자유로울 수 없다고 할 수도 있습니다. 이 사진을 찍은 저를 포함해서 말이죠.

건설현장도 마찬가지입니다. 작업은 한 사람 한 사람인 개개인이 하는 것이지만 현장이라는 하나의 공간에서 하는 것입니다. 따라서 누군가 계획되지 않은 위험한 작업과 행동을 하는 것이 목격된다면 이를 제지하고 말릴 책임이 있는 것입니다. 대표적인 사례가 작업 전 **TBM**Tool Box Meeting의 개인보호구 지적확인입니다. 현장에서 일해보신 분들은 동료를 보면서 손가락으로 개인보호구 착용상태를 가리키면서 "안전모 착용 상태, 좋아! 안전화 착용 상태, 좋아! 안전대 착용 상태, 좋아!"를 외쳐본 기억이 있으실 겁니다. 작업 전에만 좋아를 힘차게 외쳐서는 안 되고 작업 중에도 작업의 준비나 진행이 적정한지 확인하고 "좋아!"를 외쳐야 합니다. 그리고 작업 준비상태나 방법에 위험이 보인다면 못 본 척 눈감지 말고, 위험을 알리고 안전한 작업이 될 수 있도록 도와야 합니다. 위험이 발견되면 알리고, 서로의 안전을 챙기는 분위기가 자연스러운 현장이 사고에서 자유로운 현장으로 발전할 것입니다.

39

사고의 현상과 원인

사고 조사는 현상이 아닌 원인 찾기

건설현장에서 사고가 발생하면 사고로 인해 다친 사람을 확인하고 피해금액을 추정하는 등 다양한 조사가 진행됩니다. 그 중에서 안전에 가장 도움이 되는 조사는 사고 원인을 찾는 조사입니다. 사고 원인을 찾는 이유는 사고를 유발한 위험을 확인하고 이를 적절하게 관리한다면 유사한 사고의 재발을 막을 수 있다는 기대 때문일 것입니다. 이런 이유로 건설현장에서 발생한 사고가 현장의 안전관리 등 부족함에 의한 것이라고 판단되면 대부분 사고조사를 통해 원인을 찾아내고 대책을 마련하기 위해 노력합니다. 그런데 여러 회사에서 사고조사를 통해 다양한 원인을 분석하고 대책을 수립한 자료를 보면 근본적인 원인보다는 밖으로 드러난 현상을 원인의 전부인 것으로 잘못 판단해 근본적인 대책을 마련하지 못한 경우를 종종 확인할 수 있습니다.

예를 들면 어떤 차량이 중앙선을 침범해 마주 오던 다른 차와 정면 충돌한 사고가 발생했다고 가정해 보겠습니다. 사고조사를 통해 원인을 차량의 중앙선 침범이라고 분석했다면 이 결과에 누구도 이의를 제기하지 않을 것입니다. 그리고 유사한 사고를 예방하기 위해 중앙선 침범을 막는 여러 가지 대책이 제시될 수 있습니다. 제 머릿속에서도 견고한 중앙분리대를 설치하는 것이 가장 먼저 떠오릅니다. 그런데 중앙선 침범이 근본적인 사고 원인의 전부일까요? 중앙선 침범을 예방하기 위해서 중앙분리대를 설치하는 것은 물론 중요하지만 좀 더 근본적인 원인을 찾아보면 다른 대책을 마련할 수도 있을 것입니다.

만약 차량이 중앙선을 넘은 이유가 순간적인 운전자의 졸음에 의한 것이고, 사고가 발생한 지점의 주변에 운전자가 이용할 수 있는 휴게소가 부족하다면 운전자의 졸음운전을 예방하기 위해 졸음 쉼터를 만드는 것이 하나의 대책이 될 수 있고 근본적인 개선책이 될 수 있습니다. 또 다른 상황을 가정하면 원인과 대책은 전혀 다른 내용일 수 있습니다. 중앙선 침범이 졸음에 의한 것이 아니고 오르막길인 편도 1차선 도로에서 느리게 운행하는 화물차를 앞지르기 위해 운전자가 중앙선을 넘는 와중에 발생한 것이라면 분석 결과는 달라야 합니다. 물론 중앙분리대 설치가 중앙선 침범을 막을 수는 있겠지만 화물차 뒤로 길게 늘어선 차량 정체를 유발해 합당한 대책이라고 보기 힘들기 때문입니다. 이런 상황이라면 도로 폭을 2차선 이상으로 넓히는 것 등이 해결책으로 제시되어야 합니다. 정면충돌이라는 사고는 하나의 차량이 중앙선을 넘어 맞은편에서 달려오는 차량과 부딪히는 현상이기에 중앙선 침범이 사고의 직접 원인은 분명합니다. 하지만 중앙선 침범이라는 원인은 근본 원인이라기 보다는 사고의 현상입니다. 왜 차량이 중앙선을 침범했는지에 대한 근본 원인을 찾아내고 이를 해소해야 유사한 사고가 재발하지 않는다는 이야기입니다. 앞서 예를 든 졸음을 방지하거나 정상 속도를 유지할 수 없는 환경은 그대로 유지한 채 중앙분리대만 설치한다면 정면충돌 사고는 줄일 수 있겠지만, 중앙분리대를 들이받거나 무리한 추월로 인한 다른 사고가 발생할 가능성은 여전히 존재하게 됩니다. 이와 같이 중앙선 침범에 의한 교통사고라 하더라도 그 원인을 얼마나 깊게 분석하고 근본적 문제를 찾는 데 노력하느냐에 따라 전혀 다른 원인을 찾아낼 수 있고, 대책 역시 다양하게 만들고 적용할 수 있습니다.

사고 원인과 대책에 대해 생각해 볼만한 사고 사례가 야구 경기에도 있었습니다. 사진에 보이는 사람은 마이크 쿨바Michael Robert Coolbaugh라는 야구선수입니다.

쿨바는 류현진 선수로 인해 국내에도 잘 알려진 메이저리그 야구팀인 토론토 블루제이스에 1990년 지명을 받아 프로야구 선수생활을 시작했습니다. 약 30개 팀이 라운드별로 선수를 지명하는 시스템임을 고려하면

16라운드에 지명받은 쿨바 선수는 당시 두각을 나타내는 선수는 아니었던 것으로 생각됩니다. 2001년 소속팀을 밀워키 브루어스로 옮겨 메이저리그에 데뷔했지만 2년 동안 44경기에서 타율 1할8푼3리 2홈런 7타점이라는 기록이 말해주듯이 별다른 활약을 보여주지 못했습니다. 2003년 타이론 우즈라는 걸출한 외국인 타자를 일본 리그로 보낸 두산 베어스가 쿨바를 영입해 우리나라에서 선수생활을 지속했습니다. 하지만 국내에서도 용병에게 바라는 성과라고 하기 힘든 2할1푼5리에 10홈런이라는 성적을 남기고 3개월 만에 방출되었습니다. 미국으로 돌아간 쿨바는 선수에서 은퇴하고 미국 마이너리그 팀인 털사 드릴러스의 코치로 야구인의 생활을 이어갑니다. 하지만 안타깝게도 1루 코치 생활을 하던 2007년 7월 22일, 1루 코치 박스에 있던 마이크 쿨바 코치는 강하게 날아온 파울 타구에 머리를 맞았고, 병원으로 옮겨졌으나 사망했습니다. 쿨바 코치의 사망소식을 듣고 많은 야구 팬들이 애도의 메시지를 보냈습니다. 하지만 일부 팬들은 코치가 경기에 집중하지 못해 날아오는 공을 피하지 못해 일어난 사고로 생각하고, 경기에 집중하지 못한 쿨바 코치를 비난하는 경우도 있었습니다.

그렇다면 실제 마이크 쿨바 코치가 경기에 집중하지 못한 개인의 문제로 인해 파울 타구에 맞는 사고가 발생했을까요? 개인의 집중력 부족이 원인일 수도 있지만, 1루 코치의 작업을 잘 살펴보면 이는 오해일 가능성이 높다는 것을 알 수 있습니다. 1루 코치는 자신의 팀이 공격을 하는 동안 다양한 역할을 해야 하는데 그 중 하나는 투수가 공을 던지는 데 걸리는 시간과 포수가 투수의 공을 받아 주자의 도루를 저지하는 데 걸리는 시간을 확인하는 것입니다. 예전 야구 경기를 보면 1루 코치는 항상 스톱 워치를 한 손에 쥐고 끊임없이 시간을 확인하는 모습을 볼 수 있었습니다. 이 시간을 확인해서 1루에 자리잡은 우리 팀 주자에게 도루 가능 여부에 대한 정보를 제공합니다. 그렇기 때문에 투수의 투구 동작과 포수의 포구 및 송구 동작 등을 확인하는 짧은 시간 동안 공을 눈에서 놓칠 수 있습니다. 아마 쿨바 코치 사고도 이 찰나의 순간에 벌어졌을 것입니다.

이 사고 이후 미국 메이저리그는 1루와 3루 코치는 수비수나 1, 2, 3 루 심판과는 달리 머리를 보호하는 헬멧을 착용하도록 규정을 수정했습니다. 이 바뀐 규정은 국내 리그에도 적용하고 있습니다. 머리에 타구를 맞은 사고였기 때문에 보호구를 착용하도록 한 조치는 당연한 것입니다. 하지만 이 조치에서 그쳤다면 파울 타구가 베이스의 코치 쪽으로 향할 때 몸에 공을 맞을 위험은 계속 남아있는 상태에 머물렀을 것입니다. 하지만 지금은 분석장비 등이 워낙 좋아지고 팀마다 별도의 분석팀을 운영하기 때문에 코치가 일일이 시간을 체트하는 일에서 벗어날 수 있었고, 유사한 사고는 다시 발생하지 않고 있습니다. 만약 쿨바 코치 사고의 원인으로 개인의 집중력 부족을 거론하고 마무리 지었다면 헬멧 착용이라는 규정 개정도 없었을 것이고, 동일한 위험은 그대로 남아 사고가 언제 다시 발 생하더라도 이상하지 않았을 것입니다.

건설현장에서 발생하는 가장 많은 유형의 중대재해는 추락입니다. 추 락이라는 현상을 막는 방법은 비교적 간단합니다. 작업자가 떨어질 위험 이 있는 부위는 접근하지 못하도록 출입을 금지하면 됩니다. 만약 떨어질 위험이 있는 부위에서 작업이 진행되어야 한다면 안전한 작업대를 만들 고, 단부에는 안전난간을 하부에는 추락방망을 설치합니다. 이런 시설을 전부 설치했음에도 불안한 마음이 사라지지 않는다면 작업자가 개인보호 구인 안전대를 착용하고 안전대 부착설비에 고정한 후 작업을 하도록 관 리하면 됩니다. 너무 당연한 얘기를 제가 적은 건가요? 실제 추락사고가 발생하고, 조사를 통해 대책을 마련한다면 위에 적은 내용에서 벗어나지 않습니다. 어찌보면 특별할 것 없어 보이는 조치들인데 왜 추락사고는 계속 반복해서 발생하는 걸까요?

　위에 언급한 대책은 추락이라는 현상을 막는 내용들입니다. 사고가 발생하는 진짜 원인은 현상을 막는 단편적인 대책이 아닌 경우가 많습니다. 추락사고가 발생한 현장의 대부분은 위에 열거한 대책을 몰라서 못했다기 보다는 할 수 없었던 다른 진짜 원인을 갖고 있습니다. 제가 직접 경험한 사례들을 이야기해 보겠습니다. 한 현장은 현장소장이 이익을 조금이라도 더 남기겠다는 생각에 사로잡혀 안전담당자가 안전시설을 설치해야 한다는 조언을 무시하고 작업을 진행하다 사고가 난 경우입니다. 이 현장은 소장의 욕심 때문에 사고가 발생한 이후 시설물 설치에 필요한 비용의 수십 배를 사고 정리와 처리에 사용했습니다. 또 어떤 현장은 현장소장이 안전시설에 대한 필요성을 인식하고 본사에 가시설 설치를 위한 비용을 청구했지만, 회사 대표가 이를 무시하고 작업을 진행시켜 사고가 발생한 경우도 있었습니다. 당연히 이 현장도 사고로 인한 시간과 비용이 늘어나는 대가를 치러야 했습니다. 어떤 현장은 직원 수가 부족해 작업을 관리할 수 없는 상황에서 근로자가 임의로 작업하다 사고가 발생하는 경우도 있습니다. 이런 현장은 사고예방대책으로 안전시설물의 설치를 강조하기 보다는 적절한 관리가 이루어지도록 직원 수를 늘리는 것이 근본 문제를 해결하는 방안이 될 수 있습니다.

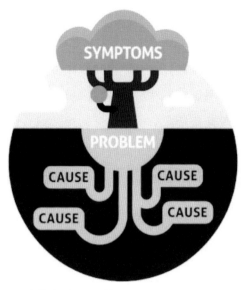

추락이라는 사고를 예방하는 직접적인 조치는 안전난간과 같은 안전
시설물 설치입니다. 그리고 사고가 발생한 곳이라면 당연히 부족한 시설
물 설치와 작업자 개인보호구 착용을 요구하고 이행여부를 확인해야 합
니다. 하지만 부족한 투자와 안전의식 결여 같은 근본 원인은 찾아내지
못하고 방치한 채 시설물 보강 등에만 집중하면 당장은 모든 것이 해결된
것으로 보이지만 시간이 지나면 문제가 계속 반복될 수밖에 없습니다. 안
전시설물을 적정하게 설치하도록 투자를 늘리고, 또 그런 활동을 위한 시
간 역시 보장되어야 합니다. 그리고 현장 규모에 맞는 인원과 조직을 구

성하는 것 역시 사고를 예방하는 근본 대책입니다. 우리는 문제가 발생하면 빠른 시간 안에 원인을 찾아내고 모든 문제가 해결된 상태를 보길 원합니다. 하지만 많은 위험과 사고는 빨리빨리를 외칠수록 더 커지고 우리에게 다가오는 것 같습니다. 사고가 벌어졌거나 위험이 있다고 판단되면 현상을 파악해 빨리 조치해 추가 사고 등을 예방하는 것은 당연합니다. 그리고 이와 함께 충분한 시간을 갖고 근본 원인을 찾아내고 이에 대한 대책을 마련하는 것이 동일한 위험과 사고가 반복되는 것을 막는 방법입니다.

이야기로 이해하는
건설안전

초판인쇄 2023년 6월 9일
초판발행 2023년 6월 9일

지은이 최진우
펴낸이 채종준
펴낸곳 한국학술정보(주)
주　소 경기도 파주시 회동길 230(문발동)
전　화 031-908-3181(대표)
팩　스 031-908-3189
홈페이지 http://ebook.kstudy.com
E-mail 출판사업부 publish@kstudy.com
등　록 제일산-115호(2000. 6. 19)

ISBN　979-11-6983-404-9　13300